Д-р Джей Рок Ли

- Вера -

ОСУЩЕСТВЛЕНИЕ ОЖИДАЕМОГО

URIM
BOOKS

*«Вера же есть осуществление ожидаемого
и уверенность в невидимом.
В ней свидетельствованы древние.
Верою познаем, что веки устроены словом Божиим,
так что из невидимого произошло видимое».
(Послание к Евреям, 11:1-3)*

ОСУЩЕСТВЛЕНИЕ ОЖИДАЕМОГО Автор – д-р Джей Рок Ли
Подзаголовок: ВЕРА
Издано «Urim Books» (Представитель: Сонг Кон Вин)
361-66, Shindaebang-Dong, Dongjak-Gu, Сеул, Корея, 152-848
www.urimbooks.com

Впервые издана в апрель 2013 г.

Издано впервые на английском языке в феврале 2008 года.
Издана на корейском языке издательством «Urim Books, Урим
Букс», Сеул, Корея в 1990 году.

Редактор: д-р Джеум Сан Вин
Дизайн Редакционного бюро «Урим Букс», тираж отпечатан
За дополнительной информацией обращайтесь по
электронной почте: urimbook@hotmail.com

Предисловие

«Вера же есть осуществление ожидаемого и уверенность в невидимом. В ней свидетельствованы древние. Верою познаем, что веки устроены словом Божиим, так что из невидимого произошло видимое» (Посл. к Евреям, 11:1-3).

Прежде всего я с благодарностью воздаю хвалу Богу Отцу, побудившему нас к изданию этой книги.

Бог, Кто есть Любовь, принес в жертву Своего Единственного и Единородного Сына Иисуса Христа для искупления человечества, обреченного на смерть из-за своей греховности, ведущей начало от неповиновения Адама, и проложил путь к нашему спасению. Веря в этот факт, каждый, кто откроет свое сердце и примет Иисуса Христа как своего Спасителя, получит прощение грехов, примет в дар Святого Духа и будет признан чадом Божьим. Дети Божьи наделены правом получать ответы на то, о чем молятся с верой. Результатом этого является жизнь с избытком, без нужды в чем-либо, и способность одерживать победы над всем мирским.

Библия говорит нам, что отцы веры уповали на силу Божью, способную создать все из ничего. Они испытали на себе удивительные деяния Божьи. Наш Бог тот же – вчера, сегодня и завтра, и Своей Всемогущей силой Он продолжает вершить те же дела, помогая всем, кто верит в

Слово Божье, записанное на страницах Библии, и исполняет
его.

В течение прошедших 27-ми лет моего служения я был
свидетелем того, как многие члены церкви «Манмин», веря
и повинуясь слову истины, получали ответы, находили
выход из различных жизненных проблем и воздавали хвалу
Богу. Когда они верили Слову Божьему, в Котором
говорится: «...*Царство Небесное силою берется, и
употребляющие усилие восхищают его*» (От Матфея,
11:12); когда они усиленно трудились и молились и, чтобы
обрести еще большую веру, применяли на деле Слово Божье,
тогда они были более дороже и прекраснее для меня, чем
кто-либо еще.

Эта книга для тех, кто хочет обрести истинную веру,

стремится вести жизнь победителя, прославлять Бога, делиться любовью Божьей и распространять Благую Весть о Господе. В течение двух прошедших десятилетий я прочел много проповедей под общим названием «Вера»; после того как они были отобраны и упорядочены, появилась возможность опубликовать эту книгу. Я хотел бы, чтобы эта книга, *Вера: осуществление ожидаемого*, для бесчисленного количества душ стала маяком, который привел бы их к истинной вере.

Ветер дует, где пожелает. Он невидим для наших глаз, но, глядя на колеблющиеся на ветру листья деревьев, мы признаем реальность ветра. Точно так же, глазами мы не в состоянии видеть Бога, но Бог – Живой, и Он действительно существует. Поэтому, в зависимости от того, насколько мы верим в Него, в зависимости от нашего стремления, мы можем видеть Его, слышать Его, ощущать Его присутствие и познавать Его.

Джей Рок Ли

Содержание

Глава 1

Вера плотская и вера духовная

Послание к Евреям, 11:1-3

«Вера же есть осуществление ожидаемого и уверенность в невидимом. В ней свидетельствованы древние. Верою познаем, что веки устроены словом Божиим, так что из невидимого произошло видимое».

Пастор приходит в восторг, видя, что его паства истинно верует и с этой истинной верой прославляет Бога. С одной стороны, когда кто-то из прихожан свидетельствует о том, что Бог Живой и подтверждает это своей жизнью во Христе, то это радует пастора, и он начинает еще более ревностно относиться к обязанностям, данным ему Богом. С другой стороны, когда кто-то из членов церкви не возрастает в вере и у него начинаются испытания и неприятности, пастор должен чувствовать боль и тревогу в сердце.

Без веры не только невозможно угодить Богу и получить ответы на свои молитвы, но крайне трудно также обрести надежду на Небеса и жить в вере.

Вера – основа жизни христианина. Это – кратчайший путь к спасению и, по существу, необходимое условие для получения ответов от Бога. Из-за того что люди сегодня не знают правильного определения веры, многие не могут обрести истинную веру. Поэтому у них нет уверенности в спасении. Они не могут ходить в свете и не получают ответов от Бога даже притом, что утверждают, что веруют в Бога.

Вера делится на две категории: вера плотская и вера духовная. В первой главе дается объяснение тому, что такое истинная вера и как благодаря истинной вере вы можете получить ответ Бога на свои молитвы, обрести Его водительство на пути к вечной жизни.

Плотская вера

Когда вы верите тому, что видят ваши глаза, и в то, что совместимо с вашими познаниями и мыслями, то ваша вера относится к, так называемой, «плотской вере». С подобной плотской верой вы способны воспринимать только то, что сделано из вещей осязаемых. Например, вы убеждены в том, что стол сделан из дерева.

У плотской веры есть еще одно название – «вера-знание». В этом случае вы верите исключительно тому, что сообразуется с информацией, хранящейся в вашем сознании. Вы не подвергаете сомнению то, что стол сделан из дерева, исключительно потому, что когда-то увидели или услышали об этом, и это вам понятно.

Мозг человека наделен системой памяти. Начиная с рождения люди загружают ее большим объемом информации. Клетки мозга хранят знания обо всем, что человек видел, слышал, узнал от своих родителей, братьев и сестер, друзей и соседей или учил в школе. Заложенные в памяти знания применяются по мере необходимости.

Далеко не все знания, которыми загружен наш мозг, являются достоверными. Слово же Божье истинно, потому что вечно, в то время как мирские познания стремительно меняются и представляют собой смесь правды и лжи. Однако мирские люди, не имеющие полного представления об истине, не ведают о том, что ложная информация часто выдается за правду. Например, они полагают, что теория эволюции является достоверной, потому что в школе они изучали только теорию эволюции, не зная Слова Божьего.

Те, кто был научен только тому, что все вокруг сделано из того, что уже существовало, не могут поверить в то, что из ничего может быть что-то сотворено.

Духовная вера

Когда вы верите в то, что невидимо и не сообразуется с тем, что люди думают и знают, тогда вашу веру можно считать духовной. Духовная вера дает убежденность в том, что из ничего возможно что-то сделать.

Определение духовной веры дается в Послании к Евреям (11:1): *«Вера же есть осуществление ожидаемого и уверенность в невидимом»*. Другими словами, когда вы смотрите на вещи духовными глазами, то они становятся реальностью для вас, и тогда появляется убежденность, необходимая для того, чтобы верить в невидимое. Духовная вера может обратить невозможное в реальное, что недоступно плотской вере, именуемой «верой-знанием».

Например, когда Моисей стал на все смотреть глазами веры, то даже воды Красного моря расступились, и народ

Израиля прошел по суше посреди моря (Исход, 14:21-22). А когда Иисус Навин, преемник Моисея, и его народ, глядя на город Иерихон, семь раз обошли его вокруг, а затем «воскликнул народ громким голосом» на городскую стену, она пала (Кн. Иисуса Навина, 6:12-20). Авраам, отец веры, повинуясь повелению Бога, был готов пожертвовать своим единственным сыном Исааком, который был семенем, обещанным ему Богом, потому что Авраам верил, что Бог может воскрешать из мертвых (Бытие, 22:3-12). Это – одна из причин, почему духовную веру называют «верой, сопровождаемой делами», или «живой верой».

В Послании к Евреям, 11:3, говорится: *«Верою познаем, что веки устроены словом Божиим, так что из невидимого произошло видимое».* Небеса, земля и все, включая солнце, луну, звезды, деревья, птиц, рыб и животных, было создано по Слову Божьему; а из праха земного Он сотворил человечество. Все это было создано из ничего, и понять и поверить в это мы можем только благодаря духовной вере.

Не все из того, что создано Силой Божьей, то есть по Слову Его, может воспринимать наш глаз, и далеко не все в реальности является видимым. Поэтому мы исповедуем, что Бог – Всесильный и Всезнающий, и Он может дать нам то, о чем мы просим с верой. Потому что Всемогущий Бог – наш Отец, и мы – Его дети, а значит, все было создано для нас, и мы получаем это по нашей вере.

Чтобы ответы и чудеса были даны нам по вере, плотская вера должна обратиться в веру, именуемую духовной. Прежде всего мы должны понять, что знания, которыми обременен наш мозг еще с рождения, и плотская вера, сформированная на основе этих знаний, препятствуют обретению духовной веры. Нам следует избавляться от знаний, которые порождают сомнения, и удалять хранящуюся в нашем мозге информацию, которая вводит в заблуждение. Чем больше мы слушаем и понимаем Слово Божье, тем больше наши духовные знания, преумножаясь, достигают уровня, когда мы становимся свидетелями знамений и чудес, явленных Силой Божьей, на практике убеждаясь в том, что Бог – Живой, о чем свидетельствуют и многие верующие. И тогда сомнения покидают нас, а духовная вера возрастает.

По мере возрастания нашей духовной веры мы обретаем способность жить по Слову Божьему, общаться с Богом и получать от Него ответы на свои молитвы. Полностью отбросив сомнения, мы твердо встанем на камень веры, обретем веру, сильную настолько, чтобы выходить победителем из любых злоключений и испытаний.

Об этом камне веры нас предупреждает Послание Иакова (1:6): *«Но да просит с верою, нимало не сомневаясь, потому что сомневающийся подобен морской волне, ветром поднимаемой и развеваемой»*; и в этом же Послании, 2:14, к нам обращен вопрос: *«Что пользы, братия мои, если кто говорит, что он имеет веру, а дел не имеет? может ли эта вера спасти его?».*

Поэтому я молю вас помнить, что только тогда, когда вы отбросите все сомнения, встанете на камень веры и продемонстрируете дела веры, будет считаться, что вы обладаете духовной и истинной верой, благодаря которой вы можете быть спасены.

Истинная вера и вечная жизнь

Притча о десяти девах, записанная в главе 25-й Евангелия от Матфея, может многому научить нас. В ней говорится, что десять дев взяли свои светильники и вышли навстречу жениху. Пять из них были мудрыми – они, помимо светильников, запаслись еще и сосудами с маслом и благополучно встретили жениха; а поскольку пять других дев были неразумными и не прихватили масла для своих светильников, то они не встретились с женихом. Эта притча разъясняет нам, что те верующие, которые ведут благоразумную жизнь и, обладая духовной верой, готовятся к возвращению Господа, будут спасены. В то время как другие, те, кто не подготовился должным образом, не смогут получить спасения, потому что их мертвая вера не сопровождается делами.

В Евангелии от Матфея, 7:22-23, Иисус побуждает нас

осознать, что, хотя многие и пророчествовали, изгоняли бесов и творили чудеса Его именем, не каждый из них может быть спасен. А все потому, что они оказались плевелами, и, вместо того чтобы исполнять волю Божью, они творили беззаконие и предавались грехам.

Как мы можем отделить зерна от плевел?

Компактный Оксфордский словарь дает следующее определение слову «плевела»: «Шелуха пшеницы, или другого зерна, отделенная в результате веяния или молотьбы». Духовно слово «плевела» олицетворяет верующих, которые вроде бы живут по Слову Божьему, но при этом, не меняя свои сердца с помощью истины, совершают злодеяния. Они каждое воскресенье ходят в церковь, отдают свои десятины, молятся Богу, заботятся о нуждающихся членах церкви, служат ей, но все это они делают не для Бога, а напоказ, чтобы попасться на глаза другим людям. Вот почему они отнесены к категории плевел и не могут получить спасение.

Пшеница же символизирует тех верующих, которые благодаря Слову Божьей истины стали людьми духовными и обрели веру, которую не сокрушить ни при каких обстоятельствах, которая не колеблется справа налево. Они все делают с верой: постятся с верой и молятся Богу с верой, чтобы получить ответ от Него. Такие верующие поступают так не по чьему-то принуждению, а делают все с радостью и благодарностью. Так как они, чтобы угодить Богу, внемлют голосу Святого Духа и действуют с верой, то души их благоденствуют, у них все прекрасно и они наслаждаются хорошим здоровьем.

Теперь я молю вас проверить себя: поклонялись ли вы Богу в истине и духе или грезили и предавались праздным мыслям, не выносили ли свой суд над Словом Божьим во время богослужения? Вы должны также оглянуться назад и подумать, отдавали ли вы свои пожертвования с радостью или делали их по расчету, неохотно и только потому, что другие смотрели на вас. Чем больше возрастает ваша духовная вера, тем больше дел последует за этим. Чем чаще мы применяем на практике Слово Божье, данное нам, тем больше погружаемся в Божью любовь и благословение, тем больше пребываем в Нем и становимся успешными во всем. Все благословения, описанные в Библии, изольются на вас, потому что, как сказано в Числах, 23:19, Бог верен Своим обещаниям: «*Бог не человек, чтоб Ему лгать, и не сын человеческий, чтоб Ему изменяться. Он ли скажет и не сделает? будет говорить и не исполнит?*».

Однако если вы посещали богослужения и постоянно молились, старательно служили церкви, но желания вашего сердца так и не исполнились, то вы должны осознать, что вы делаете не так.

Если вы обладаете истинной верой, то должны подчиняться Слову Божьему и применять Его. Вместо того чтобы настаивать на собственных убеждениях и знаниях, вы должны признать, что только Слово Божье истинно, и проявить мужество в устранении всего, что противоречит Слову Божьему. Вы должны избавиться от всех форм зла, прилежно изучая Слово Божье, непрерывно молясь и очищаясь от грехов.

Это не правда, что, посещая церковь, слушая Слово Божье и храня Его лишь в качестве суммы знаний, можно получить спасение. Если вы не применяете знания на практике, то без дел ваша вера – мертва. Только обладая истинной и духовной верой и исполняя волю Божью, вы сможете войти в Царство Небесное и насладиться жизнью вечной.

Желаю вам понять, что Бог хочет, чтобы вы обладали духовной верой, которая сопровождается делами, получили жизнь вечную и привилегии, которые есть у детей Божьих, имеющих истинную веру!

Глава 2

Плотские помышления есть вражда против Бога

Послание к Римлянам, 8:5-8

«Ибо живущие по плоти о плотском помышляют, а [живущие] по духу – о духовном. Помышления плотские [суть] смерть, а помышления духовные – жизнь и мир, потому что плотские помышления [суть] вражда против Бога; ибо закону Божию не покоряются, да и не могут. Посему живущие по плоти Богу угодить не могут».

Сегодня очень многие люди ходят в церковь и во всеуслышание заявляют о своей вере в Иисуса Христа. Это – счастливая и хорошая новость. Однако наш Господь Иисус сказал в Евангелии от Матфея (7:21): *«Не всякий, говорящий Мне: „Господи! Господи!", войдет в Царство Небесное, но исполняющий волю Отца Моего Небесного».* И здесь же, 7:22-23, Он добавляет: *«Многие скажут Мне в тот день:,,Господи! Господи! не от Твоего ли имени мы пророчествовали? и не Твоим ли именем бесов изгоняли? и не Твоим ли именем многие чудеса творили?". И тогда объявлю им: „Я никогда не знал вас; отойдите от Меня, делающие беззаконие"».*

Послание Иакова, 2:26, наставляет нас: *«Ибо, как тело без духа мертво, так и вера без дел мертва».* Именно поэтому, подтверждая делом свое повиновение, нужно сформировать полноту веры с тем, чтобы мы могли быть признаны истинными детьми Божьими, которые смогут получить все, о чем попросят.

После того как мы принимаем Иисуса Христа как своего Спасителя, наш ум охватывают восторг и стремление исполнять Закон Божий. Однако если мы окажемся не способными исполнять повеления Божьи, то наша плоть будет подчиняться закону греха, и в этом случае мы не сможем угодить Ему. А все потому, что плотские помыслы ведут нас к состоянию вражды против Бога, и мы не в силах покоряться Закону Божьему.

Но если мы отбрасываем плотские мысли и придерживаемся духовных помышлений, нас будет направлять Божий Дух, мы будем исполнять Его повеления и угождать Ему точно так же, как Иисус, Который исполнил закон с любовью. Таким образом, Божье обетование, говорящее, что «все возможно верующему», сойдет на нас.

Теперь, давайте, разберемся, каково различие между плотскими и духовными помыслами, и посмотрим, почему плотские мысли являются проявлением вражды против Бога и как мы можем избежать плотских помышлений и жить в Духе, чтобы угодить Богу.

Плотский человек сосредоточен на плотских желаниях, человек же духовный помышляет о Духе

1) Плоть и желания плоти.

В Библии мы находим такие термины, как «плоть», «помышления плоти», «вожделения плоти» и «дела плоти». Эти слова близки по смыслу, и все то, о чем они говорят, подвержено разложению и исчезнет после того, как мы покинем этот мир.

Дела/работа плоти описаны в Послании к Галатам (5:19-21): *«Дела плоти известны; они суть: прелюбодеяние, блуд, нечистота, непотребство, идолослужение, волшебство, вражда, ссоры, зависть, гнев, распри, разногласия, (соблазны), ереси, ненависть, убийства, пьянство, бесчинство и тому подобное. Предваряю вас, как и прежде предварял, что поступающие так Царствия Божия не наследуют».*

В Послании к Римлянам, 13:12-14, апостол Павел предупреждает нас о вожделениях плоти, говоря: *«Ночь прошла, а день приблизился: итак отвергнем дела тьмы и облечемся в оружия света. Как днем, будем вести себя благочинно, не [предаваясь] ни пированиям и пьянству, ни сладострастию и распутству, ни ссорам и зависти; но облекитесь в Господа нашего Иисуса Христа, и попечения о плоти не превращайте в похоти».*

У нас есть разум, и у нас есть мысли. Когда мы таим в своих помыслах греховные желания и неправду, то эти греховные желания и неправда и называются «вожделением плоти», а когда эти помыслы выражаются в действиях, то их называют «делами плоти». Вожделения и дела плоти противостоят правде. Таким образом, те, кто потворствуют им, не могут наследовать Царства Божьего.

Именно поэтому Бог предупреждает нас в 1-м послании к Коринфянам, 6:9-10, говоря: *«Или не знаете, что неправедные Царства Божия не наследуют? Не обманывайтесь: ни блудники, ни идолослужители, ни прелюбодеи, ни малакии, ни мужеложники, ни воры, ни лихоимцы, ни пьяницы, ни злоречивые, ни хищники – Царства Божия не наследуют»;* и здесь же, 3:16-17, говорится: *«Разве не знаете, что вы храм Божий, и Дух Божий живет в вас? Если кто разорит храм Божий, того покарает Бог, ибо храм Божий свят; а этот [храм] – вы».*

Как было сказано выше, вы должны понять, что неправедные, то есть те, кто предаются грехам и злодеяниям, не могут наследовать Царства Божьего; практикующие дела плоти не могут быть спасены. Бодрствуйте, чтобы не поддаться соблазну, которому подвергают вас те проповедники, которые утверждают, что мы можем быть спасены, просто посещая церковь. Именем Господа я прошу вас тщательно изучать Слово Божье, чтобы не впадать в искушения.

2) Дух и желания Духа.

Человек состоит из духа, души и тела. Наше тело смертно. Оно является лишь пристанищем наших духа и души. Дух и душа – нетленные начала, которые в ответе за действия нашего разума и которые даруют нам жизнь.

Дух подразделяется на две категории: дух, который принадлежит Богу, и дух, который не принадлежит Ему. Вот почему в 1-м послании Иоанна, 4:1, говорится:

«Возлюбленные! не всякому духу верьте, но испытывайте духов, от Бога ли они, потому что много лжепророков появилось в мире».

Дух Божий помогает нам исповедовать Иисуса Христа, пришедшего во плоти, и дарует нам познание того, что исходит от Бога (1-е посл. Иоанна, 4:2; 1-е посл. к Коринфянам, 2:12).

Иисус сказал в Евангелии от Иоанна (3:6): *«Рожденное от плоти есть плоть, а рожденное от Духа есть дух».* Если мы принимаем Иисуса Христа и обретаем Святого Духа, то Дух Святой наполняет наши сердца, дает силу понять Слово Божье, помогает нам жить в истине и делает нас людьми духа. Если Святой Дух входит в наше сердце, Он вновь оживляет наш мертвый дух, поэтому мы говорим, что рождаемся вновь от Духа и через обрезание своего сердца становимся освященными.

Наш Господь Иисус сказал в Евангелии от Иоанна (4:24): *«Бог [есть] дух, и поклоняющиеся Ему должны поклоняться в духе и истине».* Дух же принадлежит четвертому измерению, и поэтому Бог, Кто есть Дух, видит не только сердце каждого из нас, но также знает все о нас.

В Евангелии от Иоанна, 6:63, говорится, что *«Дух животворит; плоть не пользует нимало. Слова, которые говорю Я вам, суть дух и жизнь».* Иисус объясняет нам, что

Святой Дух дает нам жизнь и Слово Божье, которое по сути и является жизнью и духом.

В Евангелии от Иоанна, 14:16-17, написано: *«И Я умолю Отца, и даст вам другого Утешителя, да пребудет с вами вовек, Духа истины, Которого мир не может принять, потому что не видит Его и не знает Его; а вы знаете Его, ибо Он с вами пребывает и в вас будет».* Если мы обретаем Дух Святой и становимся детьми Божьими, то Святой Дух ведет нас к истине.

После того как мы принимаем Господа, в нас рождается дух, так как Святой Дух обитает в нас. Он ведет нас к истине и помогает нам понять, что есть неправедное, покаяться и уйти от этого. Если мы идем против истины, Святой Дух стонет в нас, вызывает в нас чувство беспокойства, Он способствует тому, чтобы мы осознали свои грехи и достигли освящения.

Кроме того, Святой Дух еще называют Духом Божьим (1-е посл. к Коринфянам, 12:3) и Духом Господним (Деяния, 5:9; 8:39). Дух Божий – непреходящая истина и живительный Дух, и Он ведет нас к жизни вечной.

С другой стороны, дух, который не принадлежит Богу, тот, что враждебен Духу Божьему и не признает, что Иисус пришел в этот мир во плоти, назван «духом мира сего» (1-е посл. к Коринфянам, 2:12), «духом антихриста» (1-е посл. Иоанна, 4:3), «духом-обольстителем» (1-е посл. к Тимофею,

4:1) и «духом нечистым» (Откровение, 16:13). Все эти духи – от дьявола. Они не от Духа Истины. Этот дух неправды не дает жизнь, а приводит людей к погибели.

Святой Дух олицетворяет совершенный Дух Божий, и тогда, когда мы принимаем Иисуса Христа и становимся детьми Божьими, мы принимаем Святой Дух, и Святой Дух дает рождение духу и праведности в нас; Он укрепляет нас, чтобы мы обрели плоды Святого Духа, праведность и свет. Благодаря этой работе Святого Духа, мы получим Его водительство, будем называться сынами Божьими и сможем называть Бога «Авва, Отче!» (Посл. к Римлянам, 8:12-15).

Таким образом, Дух Святой будет руководить нами, и мы обретем девять плодов Духа, коими являются любовь, радость, мир, долготерпение, благость, милосердие, вера, кротость и воздержание (Посл. к Галатам, 5:22-23). Мы также получим плоды праведности и света, которые *состоят во всякой благости, праведности и истине*, благодаря чему мы можем достичь полного спасения (Посл. к Ефесянам, 5:9).

Плотские мысли ведут к смерти, а духовные помыслы – к жизни и миру

Если вы покоряетесь плоти, то ваше мышление будет сосредоточено на вещах плотских. Вы будете жить по плоти и предаваться грехам. Тогда, согласно Слову Божьему, утверждающему, что «возмездие за грех – смерть», вы не сможете избежать погибели. Именно поэтому Бог спрашивает нас: *«Что пользы, братия мои, если кто говорит, что он имеет веру, а дел не имеет? может ли эта вера спасти его?.. Так и вера, если не имеет дел, мертва сама по себе»* (Посл. Иакова, 2:14, 17).

Помыслы, сосредоточенные на плоти, доведут до греха и станут причиной проблем, от которых придется страдать на земле, и к тому же лишат возможности наследовать Царство Небесное. Вы должны принять это во внимание и умерщвлять дела плоти, чтобы получить жизнь вечную (Посл. к Римлянам, 8:13).

Напротив, если вы следуете за Духом, то вы сосредоточиваете свои помыслы на Нем и делаете все, от вас зависящее, чтобы жить согласно истине. В этом случае Святой Дух будет помогать вам в борьбе с врагом, дьяволом и сатаной, поможет освободиться от неправды, жить в истине; и тогда вы станете освященными.

Представьте себе, что кто-то без причины ударяет вас по щеке. Вы можете прийти в ярость, а можете, помня распятие Иисуса на кресте, отказаться от плотских мыслей и предаться духовным размышлениям. Поскольку Слово Божье велит нам, когда нас ударяют по одной щеке, подставить и другую, учит нас радоваться при любых обстоятельствах, то нам следует прощать, все терпеливо сносить и служить другим. Тогда не будет оснований для беспокойства, и мы сможем обрести мир в своем сердце. Пока вы не достигли освящения, вы можете упрекать и винить ударившего вас, потому что порок остается внутри вас. Но, освободившись от всех форм зла, вы почувствуете любовь к людям, даже видя их проступки.

Таким образом, если вы сосредоточите свои помыслы на духовном, вы будете стремиться к вещам духовным и жить в соответствии со словом истины. И, как результат, вы можете получить спасение и настоящую жизнь, наполненную миром и благословениями.

Плотские мысли – проявление вражды против Бога

Плотские мысли удерживают нас от обращения к Богу, в то время как духовные – побуждают молиться Ему. Плотские мысли толкают на вражду и ссоры, тогда как духовные – наполняют нас любовью и миром. Соответственно, плотские мысли направлены против истины, они, фактически, являются воплощением желаний и мыслей врага дьявола. Вот почему, продолжая придерживаться плотских мыслей, мы создаем барьер между собой и Богом, который препятствует исполнению Божьей воли в нашей жизни.

Плотские мысли не приносят мира, а порождают только беспокойство, неприятности и проблемы. Словом, плотские помышления бессмысленны, они не приносят никакой пользы. Наш Бог Отец – Всемогущий и Всезнающий. Будучи Создателем, Он господствует над Небесами и землей и всем, что есть на них, включая наш дух и тело. Есть ли такое, что Он не мог бы дать нам, Своим любимым детям? Если бы ваш отец был президентом огромной промышленной компании, стали бы вы переживать о деньгах, а если бы ваш папа был прекрасным врачом, то наверняка у вас было бы хорошее здоровье.

Как Иисус сказал в Евангелии от Марка (9:23): *«Если сколько-нибудь можешь веровать, все возможно верующему»*; духовные помыслы дают нам веру и покой, в то время как плотские мысли, порождая тревогу, только неприятности и проблемы, и препятствуя тому, чтобы воля Божья и Его деяния свершились в нашей жизни. Вот почему о плотских мыслях в Послании к Римлянам, 8:7, сказано: *«...потому что плотские помышления [суть] вражда против Бога; ибо закону Божию не покоряются, да и не могут»*.

Мы – дети Божьи, которые служат Богу и называют Его Отцом. Если мы не испытываем радости, чувствуем обеспокоенность, пребываем в унынии, испытываем волнение, это доказывает, что мы, вместо того чтобы предаваться духовным мыслям, данным Богом, руководствуемся плотскими помышлениями, инициированными врагом, дьяволом и сатаной. Если это так, то следует немедленно покаяться, отступиться от этого и думать о духовном. Ведь мы можем посвятить себя Богу и повиноваться Ему только благодаря духовным помышлениям.

Плотские верующие не могут угодить Богу

Обладающие плотским складом ума противостоят Богу, они не исполняют да и не в состоянии исполнять Закон Божий. Они не повинуются и не могут повиноваться Ему, и в конце концов страдают от испытаний и проблем.

Поскольку Авраам, отец веры, всегда обращал свои помыслы на духовное, он сумел покориться даже повелению Бога, потребовавшего, чтобы его единственный сын, Исаак, был принесен во всесожжение. В противоположность этому, царь Саул, который предавался плотским помышлениям, был в конечном итоге оставлен; Иона попал в сильную бурю и был проглочен огромным китом; после Исхода Израильтянам пришлось пережить 40 лет тяжких скитаний по пустыне.

Когда мы руководствуемся духовными мыслями и показываем дела веры, тогда могут исполниться желания наших сердец, так, как это обещано в Псалме (36:4-6): *«Утешайся ГОСПОДОМ, и Он исполнит желание сердца твоего. Предай ГОСПОДУ путь твой и уповай на Него, и Он совершит, и выведет, как свет, правду твою и справедливость твою, как полдень».*

Каждый человек, который действительно доверяет Богу, должен избавиться от неповиновения, которое является работой врага дьявола, исполнять Заповеди Божьи и поступать так, как это угодно Ему. Тогда он станет духовным человеком и сможет получить все, о чем попросит.

Как мы можем следовать за Духом Святым

Иисус, Божий Сын, сошел на эту землю, стал хлебом жизни для грешников и умер за них. Он проложил путь к спасению для каждого, кто принимает Его, чтобы стать Божьим чадом и пожинать бесчисленные плоды этого. Мысли Иисуса были сосредоточены только на духовном, и Он повиновался воле Божьей; Он воскрешал мертвых, исцелял больных от разных недугов и расширял Царство Божье.

Что мы должны делать, чтобы быть похожими на Иисуса и угодить Богу?

Во-первых, мы должны жить, опираясь на помощь Святого Духа, которую можно получить через молитвы.

Если мы не будем молиться, то превратимся в мишень сатанинских козней и станем жить, подчиняясь плотским помышлениям. Но если постоянно молиться, то можно ощутить работу Святого Духа в своей жизни – осознать, что такое праведность и как противостоять греху; тогда мы не будем осуждать, покоримся воле Святого Духа и станем праведными в Божьих очах. Даже Сын Божий, Иисус, довел до конца Божий промысел с помощью молитв. Поскольку Бог желает, чтобы мы не прекращали молиться, то, если мы постоянны в молитве, мы будем внимать только духовным помыслам и этим угодим Богу.

Во-вторых, хотим мы того или нет, мы должны совершать дела духовные. Вера без дел – лишь вера, она сродни знаниям. Это – мертвая вера. Когда мы знаем, что нужно делать, но не делаем, это – грех. Итак, если мы хотим следовать воле Божьей и угодить Ему, мы должны показать дела веры.

В-третьих, мы должны покаяться и получить власть Свыше, чтобы обрести веру, которая сопровождается действиями. Так как плотские мысли – это проявление вражды против Бога и они вызывают Его недовольство и возводят стену греха между Ним и нами, то необходимо покаяться и отбросить их. В добропорядочной христианской жизни покаяние всегда важно, но, чтобы избавиться от плотских мыслей, мы должны порвать с ними в сердце своем и покаяться.

Если мы совершаем порочные поступки, зная, что не должны этого делать, то испытываем дискомфорт в сердце. Когда же мы, молясь, со слезами каемся в грехах, то заботы и тревоги оставляют нас, мы чувствуем обновление, примиряемся с Богом, восстанавливаем мир, и тогда желания наших сердец могут исполниться. Если мы продолжим молиться об избавлении от всех форм зла, то мы покаемся во всех грехах, разрывая свои сердца. Наши порочные качества будут выжжены огнем Святого Духа, и стена греха будет разрушена. Тогда мы будем жить, ощущая работу Духа Святого и, соответственно, сможем угодить Богу.

Если после того как мы, уверовав в Иисуса Христа и получив Святого Духа, ощущаем бремя на сердце, то это значит, что из-за плотских мыслей мы находимся в противостоянии Богу. Тогда, с помощью горячих молитв, следует разрушить стену греха, покориться воле Святого Духа и поступать в соответствии с духовными помыслами. В результате мир и радость наполнят наши сердца, мы получим ответы на свои молитвы и исполнятся желания наших сердец.

Поскольку Иисус сказал в Евангелии от Марка (9:23): *«Если сколько-нибудь можешь веровать, все возможно верующему»*, то пусть каждый из вас избавится от плотских мыслей, противных Богу, и живет верой сообразно с промыслом Святого Духа, так, чтобы угодить Богу, чтобы неустанно трудиться для Него и прославлять Его Царство. Я молюсь об этом во имя нашего Господа Иисуса Христа.

Глава 3

Разрушать всевозможные мысли и теории

2-е послание к Коринфянам, 10:3-6

«Ибо мы, ходя во плоти, не по плоти воинствуем. Оружия воинствования нашего не плотские, но сильные Богом на разрушение твердынь: [ими] ниспровергаем замыслы и всякое превозношение, восстающее против познания Божия, и пленяем всякое помышление в послушание Христу, и готовы наказать всякое непослушание, когда ваше послушание исполнится».

Вновь напомню, что вера может быть двух видов – вера духовная и вера плотская. Плотскую веру можно также назвать «верой-знанием». Когда мы впервые слышим Слово Божье, мы обретаем веру, подобную знаниям. Это и есть плотская вера. Но по мере того как мы начинаем больше понимать и практиковать Слово, мы обретаем духовную веру.

Если мы поймем духовный смысл Слова Божьей истины и, применяя Слово на практике, заложим основание веры, то этим угодим Богу, и Он даст нам духовную веру. Таким образом, обладая духовной верой, данной Свыше, мы получим ответы на свои молитвы и найдем пути решения своих проблем. Мы также встретимся с Живым Богом.

Благодаря этому опыту, вы расстанетесь с сомнениями, избавитесь от мыслей и теорий, присущих людям, встанете на камень такой веры, что вас никогда не сломят никакие испытания и несчастья. Если вы стали человеком Истины и до глубины души уподобились Христу, это значит, что основание вашей веры прочно. С таким основанием вы можете получить все, о чем молитесь с верой.

Так как наш Господь Иисус сказал в Евангелии от Матфея (8:13): «...как ты веровал, да будет тебе», то, если вы обретете духовную веру во всей полноте, это и будет та вера, которая даст все, о чем бы вы ни попросили. Вы будете жить так, что Бог будет прославляться во всем, что бы вы ни делали. Вы будете пребывать в любви и жить под защитой Бога, станете для Него величайшей радостью.

Теперь давайте рассмотрим некоторые вопросы, касающиеся духовной веры. Каковы препятствия на пути к обретению духовной веры? Как можно стать обладателем духовной веры? Какие благословения были даны отцам духовной веры, о которых пишется в Библии? И, наконец, мы узнаем почему те, чьи помышления были плотскими, оказались отвергнутыми.

Препятствия на пути к обретению духовной веры

Духовная вера дает вам возможность общаться с Богом. Вы сможете ясно слышать голос Святого Духа, получать ответы на свои молитвы и просьбы. Независимо от того, что вы делаете – едите ли вы, пьете ли вы или делаете что-то еще, –Бог будет прославлен во всем. Он признает и поручится за вас и будет покровительствовать вам в жизни.

Почему тогда людям не удается обрести духовную веру? Давайте изучим факторы, препятствующие обретению духовной веры.

1) Плотские мысли.

В Послании к Римлянам, 8:6-7, говорится: *«Помышления плотские [суть] смерть, а помышления духовные – жизнь и мир, потому что плотские помышления [суть] вражда против Бога; ибо закону Божию не покоряются, да и не могут»*.

Человеческий ум может быть разделен на два типа: один является плотским, а другой – духовным. Плотский склад ума олицетворяет всевозможные лживые, по сути своей, мысли, присущие плоти. Плотские помышления лежат в основе греха, так как они не сообразуются с волей Божьей. Они порождают смерть, поскольку в Послании к Римлянам, 6:23, сказано: *«... возмездие за грех – смерть»*.

В противоположность этому, духовный склад ума обращен к мыслям об истине и согласуется с волей Божьей, что есть праведность и благость. Духовные помыслы дают начало жизни и миру.

Предположим, вы столкнулись с трудностями или испытанием, которые не могут быть преодолены человеческими силами и возможностями. Тогда плотские мысли будут порождать волнения и тревогу. А мысли духовные побудят отбросить все заботы и начать благодарить и радоваться, опираясь на Слово Божье, которое говорит: *«Всегда радуйтесь. Непрестанно молитесь. За все благодарите: ибо такова о вас воля Божия во Христе Иисусе»* (1-е посл. к Фессалоникийцам, 5:16-18).

Следовательно, духовные помыслы являются полной противоположностью плотским: имея плотские помышления, вы не исполняете, да и не можете исполнить Закон Божий. Именно поэтому плотские мысли являются проявлением вражды против Бога и становятся препятствием в обретении духовной веры.

2) Дела/работа плоти.

Дела/работа плоти – это все грехи и зло, проявляемые в поступках, определение которым дается в Послании к Галатам (5:19-21): *«Дела плоти известны; они суть: прелюбодеяние, блуд, нечистота, непотребство, идолослужение, волшебство, вражда, ссоры, зависть, гнев, распри, разногласия, (соблазны), ереси, ненависть, убийства, пьянство, бесчинство и тому подобное. Предваряю вас, как и прежде предварял, что поступающие так Царствия Божия не наследуют».*

Если вы не отречетесь от дел плоти, то не сможете ни обрести духовную веру, ни унаследовать Царство Божье. Именно дела плоти и являются препятствием в обретении духовной веры.

3) Всякого рода теории.

Новый, дополненный словарь Вебстера определяет слово «теория» как «доктрина или построение вещей, основанное на размышлениях и предположениях, без учета практического опыта; гипотеза; предположение», или «толкование общих или абстрактных принципов любой науки». Эта и есть теория, являющаяся частью знаний, которые поддерживают идею создания чего-то из чего-либо уже существующего; однако такая теория совсем не помогает обрести духовную веру. Скорее, наоборот, она ограничивает возможности обладания духовной верой.

Давайте поразмышляем о двух теориях: креационизме и теории эволюции Дарвина. Большинство людей учили в школе, что человечество произошло от обезьяны. В противоположность этому Библия говорит нам, что человека создал Бог. Если вы верите во Всемогущего Бога, то, даже если вам и преподавали теорию эволюции в школе, ваш выбор должен быть в пользу сотворения мира Богом.

Только тогда, когда вы откажетесь от теории эволюции, которая преподавалась в школе, в пользу сотворения мира Богом, вы сможете обрести духовную веру. В противном случае, все теории будут препятствовать тому, чтобы ваша вера была духовной, поскольку вера в то, что все сотворено из ничего, не совместима с теорией эволюции. Например, даже с развитием науки люди не научились воспроизводить источник жизни – сперму и яйцеклетку. В таком случае, как можно без духовной веры поверить в то, что все сделано из ничего?

Следовательно, мы должны опровергать все эти аргументы и теории, горделивые и надменные идеи, превозносящие себя, так как они препятствуют истинному познанию Бога, мешают собрать все свои мысли и отдать их в подчинение Христу.

Саул следует плотским помышлениям и отказывается повиноваться

Саул был первым царем Израиля, но он не жил в согласии с волей Божьей. Он был посажен на трон по требованию людей. Бог повелел ему поразить Амалика и истребить все, что было у того, не давая никакой пощады; предать смерти мужчин и женщин, подростков и грудных младенцев, волов и овец, верблюдов и ослов. Царь Саул поразил амалекитян и одержал блестящую победу. Но он не подчинился повелению Божьему и пощадил лучших овец и волов.

Саул поступил в соответствии со своими плотскими помышлениями и не уничтожил Агага и овец, волов, откормленных ягнят и все лучшее, что было у того, желая принести это в жертву Богу. Саул не захотел истреблять все полностью. В глазах Бога его поступок был проявлением неповиновения и высокомерия. Бог через пророка Самуила укорил его за проступок с тем, чтобы он мог раскаяться и вернуться на путь истинный. Но царь Саул стал оправдываться, настаивая на своей правоте (1-я кн. Царств, 15:2-21).

И сегодня найдется немало верующих, которые поступают, как Саул. Они не признают за собой откровенного неповиновения и не соглашаются с упреками в свой адрес. Они ищут оправданий и настаивают на собственной правоте, которая совпадает с их плотскими помышлениями. В конечном итоге, они становятся людьми непокорными, которые живут по плоти, так же, как Саул. Поскольку все 100 человек из 100 думают по-разному, то, если все будут поступать в соответствии с собственными мыслями, то это вряд ли их объединит. Если они будут действовать согласно собственным помышлениям, то они выйдут из повиновения. Когда же люди поступают в соответствии с Божьей истиной, тогда они смогут покоряться и стать сплоченнее.

Бог послал Саулу пророка Самуила. Но тот не послушался его, и тогда пророк сказал Саулу: «... непокорность есть [такой же] грех, что волшебство, и противление [то же, что] идолопоклонство. За то, что ты отверг слово ГОСПОДА, и Он отверг тебя, чтобы ты не был царем» (1-я кн. Царств, 15:23).

Точно так же каждый, кто полагается на свои мысли, а не руководствуется волей Божьей, тот проявляет непослушание Богу; и если человек не признает своего неповиновения и не отступится от него, то он будет отвергнут Богом, как Саул, и никакого другого выбора у него не останется.

В 1-й книге Царств, 15:22, Самуил упрекал Саула, говоря: *«Неужели всесожжения и жертвы столько же приятны ГОСПОДУ, как послушание гласу ГОСПОДА? Послушание лучше жертвы и повиновение лучше тука овнов».*

Независимо от того, насколько правильными нам кажутся собственные мысли, если они идут вразрез со Словом Божьим, необходимо покаяться и немедленно отступиться от них. И, кроме того, следует подчинить свои мысли воле Божьей.

Отцы веры, которые повиновались повелениям Божьим

Давид был вторым царем Израиля. С самого детства он не внимал собственным мыслям, а жил только верой в Бога. Когда он пас овец, он не боялся медведей и львов и с верой вступал в борьбу с ними, чтобы защитить свое стадо. Позже только вера помогла ему победить Голиафа, лучшего воина из стана Филистимского.

Был случай, когда Давид, после того как стал царем, пренебрег Словом Божьим. Когда пророк обличал его за это, Давид не произнес ни слова в свое оправдание, сразу же признал свой грех и покаялся и, в конечном итоге, стал еще более освященным. Следовательно, между Саулом, человеком плоти, и Давидом, человеком духа, есть большая разница (1-я кн. Царств, 12:13).

В то время как Моисей 40 лет пас в пустыне овец, еще до того как его призвал Бог, чтобы вывести Израильтян из рабства в Египте, он подавил в себе все собственные мысли и теории и стал смиренным перед Богом.

Помышления, соответствующие человеческому образу мыслей, побудили Авраама выдать свою жену за сестру. Однако, после того как он, через испытания, стал человеком духа, он смог покориться повелению Бога, сказавшего ему принести в жертву единственного сына, Исаака. Если бы он руководствовался, даже совсем в малой степени, плотскими мыслями, то он, возможно, вовсе бы не подчинился такому указанию. Исаак был единственным сыном Авраама, которого он родил в преклонном возрасте, он был семенем обетования от Бога. Если мыслить по-человечески, то конечно же это неприемлемо и недопустимо – разрезать сына на части, словно животное, и принести его в жертву. Авраам же не причитал, но верил, что Бог может воскрешать из мертвых, и беспрекословно повиновался (Посл. к Евреям,

11:19).

Нееман, военачальник царя Сирийского, был человеком весьма уважаемым и почитаемым царем, но случилось так, что его поразила проказа. Он приехал к пророку Елисею в надежде получить исцеление от своей болезни. Желая на себе испытать деяния Божьи, Нееман привез с собой много подношений, но Елисей не принял его, а вместо этого послал к нему слугу со словами: *«Пойди, омойся семь раз в Иордане, и обновится тело твое у тебя, и будешь чист»* (4-я кн. Царств, 5:10). Рассуждая по плоти, Нееман счел такое отношение к себе грубым и оскорбительным и очень разгневался.

Но потом он подавил в себе плотские мысли и, по совету своих рабов, покорился данному распоряжению. Нееман окунулся в Иордане семь раз, тело его обновилось, и он очистился от проказы.

Вода олицетворяет Слово Божье, а число «семь» – символ совершенства. Поэтому «окунулся в Иордане семь раз» следует понимать, как «стал полностью освященным с помощью Слова Божьего». Когда мы достигаем освящения, мы можем найти решение любых проблем. Таким образом, когда Нееман покорился Слову Божьему, возвещенному пророком Елисеем, то произошли удивительные деяния Божьи (4-я кн. Царств, 5:1-14).

Как только вы оставите людские мысли и теории, вы сможете покориться

Иаков был хитер, у него было разное на уме, и он попытался достичь желаемого всеми способами. Как следствие этого – он 20 лет переживал многие трудности. В конечном итоге он попал в затруднительное положение у реки Иавок. Иаков не мог ни возвратиться в дом своего дяди, так как заключил с ним договор, ни двигаться вперед, поскольку его старший брат Исав ждал его по ту сторону реки, чтобы убить. В этой безысходной ситуации его самодовольство и все плотские мысли были полностью разрушены. Бог умилостивил сердце Исава и примирил его с братом. Таким образом Бог спас жизнь Иакову с тем, чтобы он мог исполнить Божье провидение (Бытие, 33:1-4).

В Послании к Римлянам, 8:5-7, Бог говорит: *«Ибо живущие по плоти о плотском помышляют, а [живущие] по духу – о духовном. Помышления плотские [суть] смерть, а помышления духовные – жизнь и мир, потому что плотские помышления [суть] вражда против Бога; ибо закону Божию не покоряются, да и не могут».* Именно поэтому мы должны разрушать все мнения, теории и всякую мысль, которые противостоят истине Божьей. Мы должны отдать все помыслы в подчинение Христу, для того чтобы обрести духовную веру и на деле показывать свое повиновение.

В Евангелии от Матфея, 5:39-42, Иисус дал новую заповедь: «*А Я говорю вам: не противься злому. Но кто ударит тебя в правую щеку твою, обрати к нему и другую; и кто захочет судиться с тобою и взять у тебя рубашку, отдай ему и верхнюю одежду; и кто принудит тебя идти с ним одно поприще, иди с ним два. Просящему у тебя дай, и от хотящего занять у тебя не отвращайся*». Мы не сможем исполнить эту заповедь, мысля по-человечески, потому что мысли людей противоречат слову истины. Но если вы отречетесь от людских и плотских помышлений, то сумеете покориться этой заповеди с радостью, и Бог будет все обращать вам во благо за вашу покорность.

Независимо от того, как часто вы произносите устами своими, что веруете, если вы не превратите в ничто свои собственные мысли и теории, вы не сможете стать покорными, ощутить Божий промысел в своей жизни и получить Его водительство на пути к процветанию и успеху.

Я вас прошу помнить слова Божьи, написанные в Книге пророка Исаии (55:8-9): «*Мои мысли – не ваши мысли, ни ваши пути – пути Мои, говорит ГОСПОДЬ. Но как небо выше земли, так пути Мои выше путей ваших, и мысли Мои выше мыслей ваших*».

Вы должны избегать всех плотских мыслей и людских теорий, а вместо них обрести духовную веру, подобную вере сотника, которого похвалил Иисус за полное доверие к Богу. Когда сотник подошел к Иисусу и попросил Его исцелить своего слугу, все тело которого было парализовано, он поверил в то, что, стоит только Иисусу сказать слово, и слуга выздоровеет. Так как у сотника была вера, он получил ответ. Так и вы, если обретете духовную веру, то сможете получить ответ на все свои молитвы и просьбы и в полной мере воздать хвалу Богу.

Слово Божьей истины преображает дух людей и позволяет обрести веру, сопровождаемую делами. Живя так и обладая духовной верой, вы сможете получать ответы от Бога. Пусть каждый из вас уничтожит в себе все плотские мысли и людские теории и обретет духовную веру с тем, чтобы получить все, о чем просите с верой, и воздать хвалу Богу.

Глава 4

Сеять семена веры

Послание к Галатам, 6:6-10

«Наставляемый словом, делись всяким добром с наставляющим. Не обманывайтесь: Бог поругаем не бывает. Что посеет человек, то и пожнет: сеющий в плоть свою от плоти пожнет тление, а сеющий в дух от духа пожнет жизнь вечную. Делая добро, да не унываем, ибо в свое время пожнем, если не ослабеем. Итак, доколе есть время, будем делать добро всем, а наипаче своим по вере».

В Евангелии от Марка, 9:23, Иисус обещал: *«Если сколько-нибудь можешь веровать, все возможно верующему»*. Так, когда сотник подошел к Нему и показал, как велика была его вера, Иисус сказал: *«... как ты веровал, да будет тебе»* (От Матфея, 8:13), и в тот час же слуга его выздоровел.

Когда мы верим в то, что не видим, это и есть духовная вера. И еще: это такая вера, которая сопровождается делами, она дает нам способность проявить свою веру в поступках. Такая вера дает убежденность в том, что все может быть сделано из ничего. В Послании к Евреям, 11:1-3, этой вере дается такое определение: *«Вера же есть осуществление ожидаемого и уверенность в невидимом. В ней свидетельствованы древние. Верою познаем, что веки устроены словом Божиим, так что из невидимого произошло видимое»*.

Если вы обретете духовную веру, то Бог возрадуется этому и позволит вам получить все, независимо от того, что вы попросите. Что же, в таком случае, мы должны сделать, чтобы обрести духовную веру?

Так же, как фермер, который весной сеет семена, а осенью собирает урожай, мы должны сначала посеять семена веры, чтобы потом пожинать плоды духовной веры.

Теперь давайте изучим, как сеять семена веры, обратившись к притче о сеятеле. Иисус говорил с людьми притчами, Он практически всегда общался с ними, используя притчи (От Матфея, 13:34). Именно потому, что Бог есть Дух, а мы, люди, живем в материальном мире, нам сложно понять Божественный духовный мир. Но на примере притч из реального физического мира, мы можем постичь ир духовный, понять истинную волю Божью. Поэтому я собираюсь объяснить вам, как сеять семена веры и стать обладателями духовной веры, используя притчи из области сельского хозяйства.

Прививать семена веры

1) Прежде всего вы должны расчистить поле.

Чтобы посеять семена, фермеру прежде всего нужно поле. А чтобы поле стало пригодным к посевной, фермеру придется вскопать и разрыхлить землю, очистить ее от камней, применить нужные удобрения, словом, соблюсти весь процесс возделывания поля, включая вспашку, боронование, обработку почвы. Только тогда посеянные семена быстро пойдут в рост и принесут большой урожай добрых плодов.

В Библии Иисус знакомит нас с четырьмя

разновидностями поля. Эти поля олицетворяют людские сердца. Первый тип поля – тот, что находится при дороге, на нем не всходят посеянные семена, так как придорожная почва слишком твердая; второй тип – каменистое поле, где семена могут едва прорасти или дать всего лишь несколько побегов, потому что земля полна камней; третьей разновидностью является тернистое поле, на котором семена дают всходы, но они не смогут вырасти настолько, чтобы дать хорошие плоды, потому что колючки заглушат их; и последний, четвертый, тип поля – добрая земля, на которой семена всходят, хорошо растут, расцветают и приносят обильный урожай.

Точно так же и поле человеческого сердца подразделяется на четыре категории. К первой категории относятся сердца, похожие на придорожное поле, которые не способны понять Слово Божье. Ко второй категории причисляются те, которые сравнимы с каменистой почвой: Слово Божье «приживается» в них, но быстро «увядает», если возникают испытания или гонения. К третьей категории следует отнести сердца, подобные терновому полю, в которых Слово Божье заглушают мирские заботы и тщетное стремление разбогатеть, что не дает им приносить плоды. И к последней, четвертой, категории относятся сердца, подобные доброй земле, в которой Слово Божье «принимается» и дает «хороший урожай».

Но, независимо от того, каким именно полем является ваше сердце, если вы, как фермер, трудясь в поте лица, возделываете и очищаете его, то поле вашего сердца обратится в добрую землю. Если оно слишком затвердело, вы должны взрыхлить его и смягчить; если оно каменистое, то следует выбрать из него все камни; если же в поле вашего сердца есть тернии, необходимо удалить эти колючки и затем, чтобы земля стала доброй, внести «удобрения».

Если фермер будет лениться, он не сможет очистить поле и сделать его плодородным, в то время как прилежный фермер приложит все усилия, чтобы исправить и расчистить землю, сделать ее лучше. И затем земля, став доброй, родит хороший урожай.

Если в вас есть вера, вы станете трудиться в поте лица и будете стараться сделать все возможное, чтобы изменить свое сердце. Для того чтобы понять Слово Божье, сделать сердце добрее и принести множество плодов, необходимо бороться против грехов вплоть до пролития крови. Так, старательно избавляясь от пороков и зла, сообразно тому, что сказано в Слове Божьем, и тому, что заповедовал нам Бог, мы сможем удалить каждый камень и сорняк из поля своего сердца и сделать его лучше.

Фермер добросовестно и усердно трудится, потому что верит, что если он будет вспахивать, бороновать, обрабатывать почву, превращая ее в более плодородную, то будет собирать обильный урожай. Я желаю и вам верить в то, что если вы будете культивировать и менять поле своего сердца, делая его лучше, то станете пребывать в любви Божьей, получите Его водительство на пути к успеху и процветанию и получите лучшее место обитания на Небесах; Он поможет вам также одолеть грехи, борясь с ними вплоть до пролития крови. Тогда в вашем сердце будут посеяны семена духовной веры, и вы принесете такое количество плодов, которое соответствует вашим возможностям.

2) Далее понадобятся семена.

После очистки поля следует посеять семена и помочь им прорасти. Фермер сеет различные сорта семян и соответственно пожинает обильный урожай разнообразных культур, таких, к примеру, как капуста, салат, тыква, зеленая фасоль, красные бобы, и многих других.

Точно так же и мы должны сеять всевозможные семена в поле нашего сердца. Слово Божье велит нам всегда радоваться, непрестанно молиться, за все благодарить, давать полную десятину, святить День Господень и всех любить. Если эти Слова Божьи посажены в вашем сердце, то они прорастут, выпустят почки, расцветут и вырастут, принеся духовные плоды. Тогда вы сможете жить по Слову Божьему и обрести духовную веру.

3) Необходимы вода и солнечный свет.

Чтобы собрать хороший урожай, фермеру мало просто очистить поле и подготовить семена. Нужны еще и вода, и солнечный свет. Тогда только семена прорастают и хорошо развиваются.

Что собой олицетворяет вода?

Иисус говорит в Евангелии от Иоанна (4:14): «*А кто будет пить воду, которую Я дам ему, тот не будет жаждать вовек; но вода, которую Я дам ему, сделается в нем источником воды, текущей в жизнь вечную*». Вода, таким образом, духовно воплощает «источник воды, текущей в жизнь вечную», и в этом же Евангелии от Иоанна, 6:63, отмечено, что неиссякаемой водой жизни является Слово Божье: «*Слова, которые говорю Я вам, суть дух и жизнь*». Вот почему Иисус сказал: «*Истинно, истинно говорю вам: если не будете есть Плоти Сына Человеческого и пить Крови Его, то не будете иметь в себе жизни. Ядущий Мою Плоть и пиющий Мою Кровь имеет жизнь вечную, и Я воскрешу его в последний день. Ибо Плоть Моя истинно есть пища, и Кровь Моя истинно есть питие*» (От Иоанна, 6:53-55). Соответственно, когда вы усердно читаете, слушаете Слово Божье, сосредоточены на нем и искренне молитесь, тогда вы будете идти путем, ведущим к вечной жизни, и обретете духовную веру.

Далее, что собой олицетворяет солнечный свет?

Солнечный свет помогает семени прорасти и хорошо развиваться растению. Справедливо и то, что если Слово Божье входит в наше сердце, то Слово это изгоняет из сердца тьму. Оно очищает и превращает поле сердца в «добрую землю». Таким образом мы сможем обрести духовную веру такого уровня, при котором наше сердце будет наполнено светом истины.

С помощью притчи о земледелии мы узнали, что, после того как посеяны семена веры, сердце, словно поле, следует очищать, готовить добрые семена, обеспечивать их должным количеством воды и солнечного света. Давайте же рассмотрим поглубже, как сеять семена веры и как их взращивать.

Как посеять и взрастить семена веры

1) Во-первых, нужно сеять семена веры, следуя путями Господними.

Фермер сеет семена, используя разные приемы, в зависимости от сорта семян. Некоторые он закладывает глубоко в землю, в то время как другие высаживает на поверхности. Таким же образом мы должны варьировать, сея семена веры по Слову Божьему. Например, когда мы хотим «посеять» молитву, мы должны, опустившись на колени, взмолиться с искренним сердцем и быть так постоянными в молитве, как это объясняется в Писании. Только тогда мы сможем получить ответ от Бога (От Луки, 22:39-46).

2) Во-вторых, нужно сеять с верой.

Подобно тому, как фермер, добросовестно и самозабвенно, сеет семена, веря и надеясь, что он сможет собрать урожай, нужно сеять и семена веры, то есть Слово Божье, радуясь и надеясь, что Бог позволит пожать урожай с избытком. Так, во 2-м послании к Коринфянам, 9:6-7, он ободряет нас, говоря: *«При сем (скажу): кто сеет скупо, тот скупо и пожнет; а кто сеет щедро, тот щедро и пожнет. Каждый [уделяй] по расположению сердца, не с огорчением и не с принуждением; ибо доброхотно дающего любит Бог».*

По закону нашего мира, так же, как и духовного, мы должны пожать то, что посеяли. Итак, насколько вера возрастает, настолько и поле сердца становится лучше. Если сеешь больше, то и пожинаешь больше. Поэтому, независимо от сорта семян, сеять их следует с верой, благодарностью и радостью – так, чтобы можно было собирать обильный урожай плодов.

3) В-третьих, нужно заботиться о проросших семенах.

После того как фермер подготовил землю и посеял семена, он должен вовремя поливать растения, а чтобы их не источили черви и насекомые, он должен провести обработку специальным средством против насекомых, а также продолжать удобрять и пропалывать поле. Иначе побеги начнут чахнуть и не смогут вырасти.

Когда Слово Божье посеяно, его также следует возделывать, чтобы не дать врагу, дьяволу и сатане, даже приблизиться. Надо культивировать его с помощью горячих молитв, постоянно делать это с радостью и благодарностью, посещать богослужения, участвовать в христианских собраниях, читать и слушать Слово Божье и служить Ему. Тогда посеянные семена могут прорасти, расцвести и принести плоды.

Процесс цветения и созревания плодов

Если фермер после посева семян не будет о них заботиться, то черви могут погубить растения, или они зарастут сорняками, и тогда семена не смогут взрасти и принести хороший урожай. Фермер должен без устали трудиться, терпеливо взращивая всходы, пока не наступит черед уборочной. В положенное время семена взрастут, начнется цветение, пчелы и бабочки начнут опыление, и в конце концов созреет урожай. Когда это произойдет, фермер сможет с радостью собрать спелые плоды. Как доволен он будет, когда все его труды и терпение будут вознаграждены добрым урожаем плодов, которых будет во сто, шестьдесят или в тридцать крат больше, чем количество семян, которые он посеял!

1) Во-первых, распустится духовный цветок.

Что означают слова «семена веры прорастут и распустят духовные цветы»? Во время цветения растения выделяют запах, который притягивает пчел и бабочек. Аналогично этому, когда мы в поле нашего сердца закладываем семена Слова Божьего и заботимся о них настолько, что живем по Слову Божьему, мы будем духовно расцветать и распространять благоухание Христа. Кроме того, мы сможем исполнить роль света и соли земли с тем, чтобы многие люди видели наши добрые дела и прославили Отца нашего Небесного (От Матфея, 5:16).

Если вы распространяете благоухание Христа, то враг дьявол будет изгнан, и Бог будет прославлен через ваши дома, дела и работу. Независимо от того, что вы делаете – едите или пьете, – вы можете воздать хвалу Богу. И в результате вы принесете плоды в евангелизации, обретете Царство Божье и праведность и, очистив поле своего сердца и превратив его в «добрую землю», вы станете человеком духа.

2) Во-вторых, взрастут и созреют плоды.

Вслед за цветением появляются плоды, и когда они созреют, фермер соберет урожай. Если применить это к нашей вере, то какие плоды мы можем принести? Мы способны принести различные плоды, в том числе девять плодов Духа Святого, о которых говорится в Послании к Галатам, 5:22-23; плоды Заповедей Блаженства, описанные в Евангелии от Матфея, в 5-й главе; и плоды духовной любви, упомянутые в 1-м послании к Коринфянам, в 13-й главе.

Читая Библию и слушая Слово Божье, мы можем понять, распускаются ли духовные цветы, появились ли завязи, насколько созрели плоды. Когда плоды полностью созреют, мы можем в любое время собрать их и пользоваться ими по мере необходимости. Псалом, 36:4, говорит: *«Утешайся Господом, и Он исполнит желания сердца твоего»*. Это все равно что хранить миллиарды долларов на банковском счету и иметь возможность тратить эти деньги по собственному усмотрению.

3) И наконец вы будете пожинать то, что посеяли.

Всякий раз, когда наступает сезон уборочной, фермер

пожинает все, что он посеял, и это повторяется из года в год. При этом объем урожая отличается в зависимости от того, сколько семян было посеяно, насколько старательно и самозабвенно фермер ухаживал за посевами.

Если мы сеем семена молитвы, то будет процветать наш дух; если мы сеем семена послушания и служения, то будем наслаждаться здоровым духом и телом. Если мы усердно сеем семена в финансовое поле, то будем наслаждаться материальными благословениями, станем оказывать такую благотворительную помощь бедным, какую только пожелаем. Бог обещает нам в Послании к Галатам (6:7): *«Не обманывайтесь: Бог поругаем не бывает. Что посеет человек, то и пожнет»*.

Во многих местах Библии подтверждается обетование Божье, говорящее, что человек будет пожинать то, что посеет. В семнадцатой главе 3-й книги Царств есть история о жизни вдовы из Сарепты. Она и ее сын были на грани голодной смерти, потому что не было дождя и пересохли все источники воды. Но вдова «посеяла» горсть муки с небольшим количеством масла из кувшина в миску Илии, человека Божьего. В то время, когда пища была ценнее золота, сделать это без веры было невозможно. Она посеяла с верой, так как поверила и положилась на Слово Божье, возвещенное через Илию. В обмен за веру Бог вознаградил ее удивительными благословениями: она, ее сын и Илия могли есть, а запас еды не истощался все то время, пока, наконец, не прошли голодные времена (3-я кн. Царств, 17:8-16).

Евангелие от Марка, 12:41-44, знакомит нас с бедной вдовой, которая положила в сокровищницу две небольшие медные монеты, равные одному центу. Каким огромным благословением для нее стала похвала Иисуса!

Бог установил закон духовного мира и сказал нам, что мы можем пожинать только то, что посеяли. И я призываю вас помнить, что те, кто хотят пожать то, что не сеяли, глумятся над Богом. Вы должны верить, что Бог позволит вам пожать в сто, в шестьдесят или в тридцать раз больше, чем вы посеяли.

Через притчу о фермере, мы узнали, как посадить семена веры, как взрастить их для того, чтобы обрести духовную веру. Теперь же я желаю вам вспахать поле ваших сердец и сделать его «доброй землей». Сейте семена веры и возделывайте их. Мы должны сеять как можно больше семян и взращивать их с верой, надеждой и терпением, чтобы получить благословения в сто, в шестьдесят или в тридцать раз большие. Когда придет положенное время, вы будете пожинать плоды и воздавать хвалу Богу.

Пусть каждый из вас уверует во все, что написано в Библии, и сеет семена веры в соответствии с тем, чему учит Слово Божье, чтобы вы могли принести обильные плоды, прославить Бога и насладиться всеми благословениями!

Глава 5

«Если сколько-нибудь можешь веровать, все возможно верующему»

Евангелие от Марка, 9:21-27

«И спросил [Иисус] отца его: как давно это сделалось с ним? Он сказал: с детства; и многократно [дух] бросал его и в огонь и в воду, чтобы погубить его; но, если что можешь, сжалься над нами и помоги нам. Иисус сказал ему: если сколько-нибудь можешь веровать, все возможно верующему. И тотчас отец отрока воскликнул со слезами: верую, Господи! помоги моему неверию. Иисус, видя, что сбегается народ, запретил духу нечистому, сказав ему: дух немый и глухий! Я повелеваю тебе, выйди из него и впредь не входи в него. И, вскрикнув и сильно сотрясши его, вышел; и он сделался, как мертвый, так что многие говорили, что он умер. Но Иисус, взяв его за руку, поднял его; и он встал».

Жизненный опыт складывается из впечатлений о происшедших событиях, приходит через радости, печали и боль. Многие люди, случается, страдают от серьезных проблем, которые ни слезами, ни терпением, ни при поддержке других людей решить невозможно. Это и проблемы заболеваний, не поддающихся излечению даже с помощью современных лекарственных средств; и психические расстройства, вызванные жизненными стрессами, от которых не помогут избавиться ни философы, ни психологи; это семейные неурядицы и трудности с детьми, из которых не найти выхода, каким бы ни был достаток в доме; и потери в бизнесе и финансах, которые не могут быть восполнены никакими способами и усилиями. Список этих проблем можно продолжать и продолжать. Кто же может помочь решить все эти проблемы?

В Евангелии от Марка, 9:21-27, описывается беседа Иисуса с отцом мальчика, одержимого злыми духами. Ребенок тяжело страдал от немоты, глухоты и эпилептических припадков. Из-за злых духов, вселившихся в него, он бросался в огонь и воду. Демоны, овладевшие ребенком, повергали его на землю, и он испускал пену изо рта, скрежетал зубами и цепенел.

Теперь, давайте, посмотрим, какое решение проблемы предложил отцу Иисус.

Иисус упрекнул отца в неверии

Ребенок был глухим и немым с детства, следовательно, он не мог никого слышать, и ему стоило больших трудов заставить других понять себя. Он мучился от эпилепсии, судорожные симптомы которой проявлялись довольно часто. Оттого и отец его жил с болью и тревогой, не имея никакой надежды в жизни.

В то время отец узнал об Иисусе, Который возвращал к жизни мертвых, исцелял от всех болезней, восстанавливал зрение слепым и демонстрировал различные чудеса. Новость вселила надежду в сердце отца. Он, вероятно, подумал: «Если Иисус имеет такую силу, как об этом говорят, то Он сможет исцелить сына моего от всех болезней». Отец подумал, что у его сына есть шанс исцелиться. Именно с такими ожиданиями он привел ребенка к Иисусу и обратился к Нему со словами: «Если что можешь, сжалься над нами и помоги нам».

Иисус, услышав это, упрекнул его в неверии: «Если сколько-нибудь можешь веровать, все возможно верующему». Упрек прозвучал потому, что отец слышал об Иисусе, но не поверил в Него всем сердцем.

Если бы отец поверил, что Иисус есть Сын Божий, что Он – Всемогущий и для Него нет ничего невозможного, что Он является самой Истиной, то никогда не сказал бы Ему:

«Если что можешь, сжалься над нами и помоги нам».

Без веры Богу угодить невозможно, а без духовной веры невозможно получать ответы. Для того чтобы отец это понял, Иисус, упрекнув его в маловерии, сказал: «Если сколько-нибудь можешь веровать...».

Как обрести полную веру

Если вы верите в то, что невидимо, то такая вера может стать угодной Богу; она и будет именоваться «духовной верой», «истинной верой», «живой верой» или «верой, сопровождаемой конкретными делами». Такая вера дает убежденность в том, что все может быть сделано из ничего. Потому что вера – это «осуществление ожидаемого и уверенность в невидимом» (Посл. к Евреям, 11:1-3).

Вы должны верить всем сердцем в Крестный путь, Воскресение, Возвращение Господа, Божественное сотворение мира и в чудеса, совершаемые Им. Только тогда можно считать, что вы обладаете полной верой. И тогда, когда вы будете говорить о своей вере, речь будет идти об истинной вере.

Чтобы обрести полную веру, нужно соблюсти три условия.

Прежде всего нужно разрушить стену греха, стоящую

между Богом и людьми. Если вы обнаружите препятствие в виде стены греха, вы должны его устранить, покаявшись во всех прегрешениях. Кроме того, вам следует бороться против своих пороков, вплоть до пролития крови, избегать всякого рода зло и не грешить совсем. Если вы ненавидите грех до такой степени, что вас тревожит даже сама мысль о грехах, а при виде чего-либо порочного вы нервничаете и волнуетесь, то сможете ли вы тогда согрешить? Вместо того чтобы жить в грехе, вы будете общаться с Богом и обретете полную веру.

Во-вторых, вы должны подчиниться воле Божьей. Для того чтобы сделать это, прежде всего нужно четко понимать, что есть воля Божья. Тогда, независимо от того, что вы лично желаете, вы не должны делать того, что не является волей Божьей. С другой стороны, если вам чего-то делать не хочется, но такова воля Божья, вы должны это сделать. Когда вы всем сердцем своим, со всей искренностью, силами и разумом покоряетесь Его воле, Он дает вам полную веру.

В-третьих, вы должны угодить Богу своей любовью к Нему. Если вы делаете все ради славы Божьей, то, чем бы вы не были заняты – едите ли вы, пьете ли вы или делаете что-то еще, и даже готовы, будь на то Его воля, ради Него пожертвовать собой, вы не потерпите неудачу, стремясь к обретению полной веры. Именно такая вера делает невозможное возможным. С ее помощью вы будете не только верить в то, что видимо и исполнимо собственными силами, но также и в то, что невидимо и выходит за пределы человеческих возможностей. Таким образом, когда вы исповедуете веру во всей полноте, все невозможное становится возможным.

Тогда и вы убедитесь в истинности слов, сказанных Господом: «Если сколько-нибудь можешь веровать, все возможно верующему», и Он будет прославлен во всем, что вы делаете.

Все возможно верующему

Если вам дана полная вера, для вас не будет ничего невозможного, найдутся пути решения любых проблем. В каких случаях вы можете ощутить силу Бога, Который сделает невозможное возможным? Давайте рассмотрим три разные проблемные ситуации.

Первая из этих трех проблем – болезни.

Предположим, что бактериальная или вирусная инфекция стала причиной вашей болезни. Если вы продемонстрируете веру, наполнитесь Духом Святым, то Его огонь спалит все болезни, и вы исцелитесь. Если говорить более детально, то, как только вы покаетесь в своих грехах и отступите от них, исцеление может прийти через молитвы. Если вы только уверовали, то должны открыть свое сердце для Слова Божьего и впитывать Его, пока не будете способны на деле показать свою веру.

Далее, если вы страдаете серьезными недугами, которые не могут быть вылечены медицинскими методами, вам следует предъявить доказательства огромной веры. Только тогда, когда вы полностью покаетесь в грехах, от всего, раздирающегося на части, сердца и со слезами придете в молитве к Богу, вы можете выздороветь. Но те, чья вера слаба, и те, кто только начал ходить в церковь, не могут быть исцелены до тех пор, пока им не будет дана духовная вера. И как только такая вера будет ниспослана им, работа по их исцелению постепенно начнет приносить результаты.

И наконец, физические изъяны, патологии, хромота, глухота, умственная и физическая инвалидность, наследственные болезни не могут быть излечены без вмешательства силы Божьей. Те, кто страдают от подобных проблем, должны продемонстрировать Богу свою искренность и предоставить доказательства веры, должны любить и угождать Ему, чтобы Он признал вас; и тогда, благодаря силе Божьей, начнется работа по вашему исцелению.

Эта работа по исцелению может начаться, только если люди, страдающие от проблем, покажут такие же дела веры, как слепой нищий по имени Вартимей, взывавший к Иисусу (От Марка, 10:46-52); как сотник, имевший большую веру (От Матфея, 8:6-13); как парализованный и четверо его друзей, доказавшие, насколько они поверили в Иисуса (От Марка, 2:3-12).

Вторая проблема – это финансы.

Если вы пытаетесь решить финансовые проблемы без Божьей помощи, а лишь надеясь на собственные знания, путь и опыт, то решение проблемы будет соответствовать вашим личным способностям и возможностям. Однако если отступиться от своих грехов, следовать воле Божьей и вверить в руки Его свои проблемы, то Бог поведет вас Своими путями и ваша душа будет процветать; все наладится, и вы станете наслаждаться хорошим здоровьем. Кроме того, пребывая в Духе Святом, вы получаете благословение Божье.

В своей жизни Иаков действовал, руководствуясь людской мудростью, пока ему не пришлось вступить в борьбу с Ангелом Божьим на берегу реки Иавок. Ангел коснулся сустава его бедра и повредил его. В этой борьбе с Ангелом Божьим Иаков доверился Богу, передал все в Его руки. С этого времени он был благословлен Богом. Если вы любите Бога, угождаете Ему, вверяете все в Его руки, у вас тоже все будет ладиться.

Третья проблема – как получить духовную силу.

В 1-м послании к Коринфянам, 4:20, мы читаем, что *«Царство Божие не в слове, а в силе»*. Мы крепнем по мере того, как обретаем полную веру. Сила Божья нисходит на нас по-разному и зависит от того, сколько времени мы проводим в молитвах, от нашей веры и любви. Чудные дела Божьи более высокого, чем исцеление, уровня, могут осуществляться только теми, кто молитвой и постом получит власть от Бога.

Таким образом, если вы обладаете полной верой, то невозможное для вас станет возможным и вы будете смело утверждать: «Если сколько-нибудь можешь веровать, все возможно верующему».

«Верую, Господи! помоги моему неверию».

Существует процесс, обязательный для решения любой проблемы.

Во-первых, для того чтобы процесс начался, вы должны совершить позитивное исповедание.

Один отец долгое время страдал из-за того, что его сын был одержим злыми духами. Когда он услышал об Иисусе, то страстно пожелал увидеть Его. Затем отец привел своего сына к Иисусу, полагая, что у мальчика, может быть, есть шанс на исцеление. Не имея уверенности, отец все же попросил Иисуса исцелить его сына.

Иисус, укоряя отца в маловерии, сказал: *«Если сколько-нибудь можешь веровать...»* (От Марка, 9:23), но потом, ободряя, добавил: *«... все возможно верующему»* (От Марка, 9:23). Услышав слова ободрения, отец вскричал: *«Верую, Господи! помоги моему неверию»* (От Марка, 9:23). Таким образом он произнес позитивное исповедание перед Иисусом.

Услышав собственными ушами, что Иисус может все, отец воспринял это умом и согласился с этим только на словах, но у него не было веры, которая бы исходила из самого сердца. И несмотря на то, что вера этого человека была сродни знаниям, его позитивное исповедание стало, по сути, мольбой о духовной вере, и он получил ответ на молитву.

Далее, вы должны обладать духовной верой, исходящей из глубины вашего сердца.

Отец ребенка, одержимого демонами, горячо хотел получить духовную веру и поэтому сказал Иисусу: *«Верую, Господи! помоги моему неверию»* (От Марка, 9:23). Иисус, услышав просьбу отца и видя его искренность, правдивость и то, как он горячо просит и верует, дал ему духовную веру, позволяющую поверить всем сердцем. Поскольку отец обрел духовную веру, Бог мог начать свой промысел, и отец получил ответ от Бога.

Когда Иисус повелел: *«Дух немый и глухий! Я повелеваю тебе, выйди из него и впредь не входи в него»* (От Марка, 9:25), злой дух подчинился.

Словом, отец мальчика не смог бы получить ответа от Бога, обладая плотской верой, хранящейся лишь в качестве знаний. Но как только он получил духовную веру, сразу же последовал Божий ответ.

И, в-третьих, вы должны воззвать к Богу и молиться до тех пор, пока не получите ответа.

В Книге пророка Иеремии, 33:3, Бог обещает: *«Воззови ко Мне – и Я отвечу тебе, покажу тебе великое и недоступное, чего ты не знаешь»*, а в Книге пророка Иезекииля, 36:37, он наставляет нас: *«Вот, еще и в том явлю милость Мою дому Израилеву»*. Чтобы получить ответ от Бога, Иисус, пророки Ветхого Завета, так же как и ученики времен Нового Завета, взывали к Богу в молитве.

К тому же, только воззвав к Богу в молитве, вы можете получить веру, которая будет исходить от сердца, и только благодаря такой духовной вере вы сможете получить ответы на молитвы и решить свои проблемы. Вы должны взывать к Богу в молитвах, пока не получите ответа, и тогда невозможное станет для вас возможным. Отец ребенка, одержимого демонами, смог получить ответ, потому что воззвал к Иисусу.

Эта история об отце ребенка, одержимого демонами, преподносит нам ценный урок о Законе Божьем. Для того чтобы мы испытали на себе то, о чем сказано в Слове Божьем: «Если сколько-нибудь можешь веровать, все возможно верующему», мы должны обратить нашу плотскую веру в духовную и с ее помощью обрести полную веру, стоять на камне веры и быть покорными без всяких сомнений.

Итак, подведем итог процесса, о котором говорилось выше: прежде всего необходимо совершить позитивное исповедание в своей плотской вере, которая прежде хранилась в виде знаний. Затем следует взывать к Богу в молитве до тех пор, пока не придет ответ. И, наконец, мы должны получить Свыше духовную веру, которая дает нам возможность поверить всем сердцем.

Чтобы соответствовать всем этим трем условиям, благодаря которым можно получить все ответы на молитвы, в первую очередь нужно разрушить стену греха между собой и Богом. Затем необходимо показать искренние дела веры. И вот тогда наши души будут процветать. Чем тщательнее мы будем выполнять эти три условия, тем скорее мы получим духовную веру Свыше, и невозможное для нас станет возможным.

Если вы попытаетесь сделать что-то сами, вместо того чтобы вверить свои дела Всемогущему Богу, вы будете иметь неприятности и не сможете избежать трудностей. Напротив, если вы уничтожите человеческие мысли, которые заставляют вас считать что-то невозможным, и передадите все Богу, Он сделает для вас все. И что тогда может стать невозможным для вас?

«Плотские помышления [суть] вражда против Бога» (Посл. к Римлянам, 8:7). Они служат помехой для веры и являются причиной того, что вы не можете угодить Богу, а ваши признания – безрезультатны. Они больше помогают сатане выдвинуть обвинения против вас, вовлечь вас в испытания, беды и несчастья. Таким образом, вы должны уничтожить эти плотские помышления. С какими бы трудностями вы ни столкнулись, включая проблему отсутствия благоденствия души, неудачи в бизнесе, на работе, болезни или семейные обстоятельства, вы должны передать все в руки Бога. Вы должны положиться на Всемогущего Бога, веруя, что по вере вашей Он сделает возможным то, что кажется невозможным, и уничтожит все проявления плотских мыслей.

Когда вы честно признаетесь, говоря: «Я верю», молясь Богу от всего сердца, Он дает вам такую веру, которая помогает уверовать в Бога от всего сердца, позволяет получить помощь в решении любых проблем и прославить Его. Как благословенна подобная жизнь!

Я желаю вам пребывать в вере, для расширения Царства Божьего и праведности, чтобы исполнить великую миссию проповеди Евангелия во всем мире, творить волю Божью, будучи солдатом креста, сделать возможным все невозможное и засиять светом Христа. Я молюсь об этом во имя Иисуса Христа!

Глава 6

Даниил полагался только на Бога

Книга пророка Даниила, 6:21-23

«Тогда Даниил сказал царю: царь! вовеки живи! Бог мой послал Ангела Своего и заградил пасть львам, и они не повредили мне, потому что я оказался пред Ним чист, да и перед тобою, царь, я не сделал преступления. Тогда царь чрезвычайно возрадовался о нем и повелел поднять Даниила изо рва; и поднят был Даниил изо рва, и никакого повреждения не оказалось на нем, потому что он веровал в Бога своего».

Еще будучи ребенком, Даниил был увезен в рабство в Вавилон. Позже царь возвысил его до положения второго по значимости человека при дворе. Так как Бог особо возлюбил его, Он даровал ему «знание и разумение всякой книги и мудрости». Даниил еще обладал способностью понимать смысл различных видений и снов. А также он был политиком и пророком, через которого была явлена сила Божья.

В течение всей жизни Даниил, служа Богу, ни разу не пошел на компромисс с миром. Он преодолел все искушения и испытания с верой мученика и прославил Бога своей всепобеждающей верой. Что мы должны делать для того, чтобы обрести такую же веру, как у Даниила?

Давайте рассмотрим поподробнее вопрос о том, почему Даниил, который был близок к царю и управлял всем Вавилоном, был брошен в ров со львами, но выжил при этом, не получив ни единой царапины.

Даниил – человек веры

Из-за духовного отступничества царя Соломона, во время правления царя Ровоама, произошло разделение единого государства Израильского на два царства – Южное Иудейское царство и Северное Израильское царство (3-я кн. Царств, 11:26-36). Цари и народы, которые покорялись повелениям Бога, процветали, те же, кто не повиновался Закону Божьему, были обречены на уничтожение.

В 722 году до Р. Х. Северное Израильское царство рухнуло под натиском Ассирии. В то время бесчисленное количество людей было взято в плен в Ассирию. Южное Иудейское царство также подверглось нападению, но не было уничтожено.

Позже царь Навуходоносор напал на Южное Иудейское царство, и с третьей попытки он разрушил и город Иерусалим, и храм Божий. Это произошло в 586 г. до Р.Х.

В третий месяц царствования Иехонии, царя Иудейского, Навуходоносор, царь Вавилонский, начал осаду Иерусалима. В первой же атаке царь Навуходоносор связал царя Иехонию медными цепями, чтобы переселить его в Вавилон, а также вывез в Вавилон несколько священных сосудов дома Божьего.

Среди членов царской семьи и знати, которых первыми взяли в плен, был и Даниил. Им пришлось жить в языческой стране, однако Даниил весьма преуспел, находясь на службе у нескольких царей: Навуходоносора и Валтасара – царей Вавилона, а также Дария и Кира – царей Персии. Даниил жил в окружении язычников в течение длительного времени и был одним из главных, после царей, руководителей этих стран. И тем не менее он показал веру, которая не идет на соглашательство с миром, и, как пророк Божий, прожил жизнь, полную блистательных побед.

Навуходоносор, царь Вавилона, приказал начальнику своих евнухов привести молодых людей, сынов Израиля, в том числе из царского рода и знати, у которых не было бы никаких недостатков, которые были бы красивыми, умными, имели способности к наукам и подходили для службы при царском дворце. Царь велел учить их литературе и халдейскому языку, давать им пищу со своего стола и вино, которое сам пил, и повелел воспитывать их так три года. В числе этих молодых людей был и Даниил (Кн. пророка Даниила, 1:4-5).

Однако Даниил решил, что не будет осквернять себя едой и вином с царского стола, поэтому он попросил разрешения у начальника евнухов, «чтобы не оскверняться ему» (Кн. пророка Даниила, 1:8). Вот такой была вера Даниила, стремившегося во всем соблюдать Закон Божий. За это Бог даровал Даниилу милость и благорасположение начальника евнухов (ст. 9). Их смотритель брал кушанья и вино, предназначенные Даниилу и его друзьям, а взамен давал им овощи (ст. 16).

Увидев веру Даниила, Бог дал ему «знание и разумение всякой книги и мудрость», даровал способность толковать разные видения и сны (ст. 17). Когда бы ни обратился к нему с вопросом царь, он находил в Данииле в десять раз больше мудрости и понимания, чем у всех тайноведцев и волхвов во всем царстве (ст. 20).

Однажды царь Навуходоносор был весьма встревожен и потерял покой из-за приснившегося ему сна, значение которого ни один из халдеев не смог объяснить. Но Даниил, с помощью мудрости и силы Божьей, успешно растолковал его сон. После чего царь возвысил Даниила, сделал ему много ценных подарков и, кроме того, *«поставил его над всею областью Вавилонской и главным начальником над всеми мудрецами Вавилонскими»* (Кн. пророка Даниила, 2:46-48).

Даниил пользовался царским расположением и признанием не только во времена правления Навуходоносора в Вавилоне, но также и в период пребывания на престоле Валтасара. Царь Валтасар провозгласил Даниила третьим властелином в своем царстве. Когда Валтасар был убит и власть перешла к Дарию, Даниил продолжал оставаться в почете у нового правителя.

Царь Дарий поставил 120 сатрапов над царством, а над ними трех князей. Даниил отличался среди князей и сатрапов своим высоким духом, поэтому царь планировал доверить ему управление всем царством.

Тогда князья и сатрапы начали искать предлог для обвинения Даниила в нарушениях ведения государственных дел, однако они не смогли найти причин или доказательств его проступков, поскольку добропорядочный Даниил никаких небрежностей или погрешностей в делах не допускал. Тогда они задумали найти основание для обвинения Даниила в вопросах, связанных с Божественными законами. Они попросили царя издать постановление, повелевающее, чтобы каждого, кто в течение тридцати дней будет обращаться с прошением к какому-либо другому богу или человеку, кроме царя, бросать в львиный ров. Они настаивали на том, чтобы царь утвердил запрет и подписал указ, который был бы, как закон Мидийский и Персидский, и не мог быть нарушен. Царь Дарий подписал такое повеление.

Зная, что указ был подписан, Даниил входил в свой дом, в котором окна комнаты были открыты в сторону Иерусалима, и продолжал, преклоняя колени три раза в день, молиться и благодарить своего Бога, как он это делал прежде (Кн. пророка Даниила, 6:10). Даниил знал, что его бросят в ров со львами, если он нарушит запрет, но был готов принять мученическую смерть ради служения Богу, и только Ему.

Даже живя на положении пленника в Вавилоне, Даниил всегда помнил о благодати Божьей и горячо любил Бога; он три раза в день преклонял перед Ним колени, молился и благодарил Его не переставая. Вера Даниила была крепкой, и, служа Богу, он никогда не шел на соглашательство с миром.

Даниила бросают в ров со львами

Люди, завидовавшие Даниилу, подсмотрели и нашли его молящимся и просящим милости у своего Бога. Тогда они пришли и напомнили царю о его повелении. В конце концов, царь понял, что люди просили его установить запрет не ради самого царя, а для того чтобы убрать Даниила, и это его очень удивило. Но так как он сам подписал указ, он не мог отступить от него.

Как только царь понял это, он опечалился и пожелал спасти Даниила. Но князья и сатрапы вынудили царя исполнить подписанный им же закон, и у него не было никакого другого выбора, кроме как сделать это.

Царь вынужден был отдать приказ, чтобы Даниил был брошен в ров со львами, и был принесен камень и положен на отверстие рва. Таким образом было продемонстрировано, что ради Даниила ничего не будет изменено.

Тогда царь, который благоволил к Даниилу, отправился к себе во дворец и провел ночь без ужина, развлечений и сна. На следующий день правитель встал на рассвете и поспешил к львиному рву. Ожидать, что Даниила, брошенного в ров, съедят голодные львы, было бы вполне естественно. Но царь поспешил ко рву со львами, надеясь, что Даниил все же сможет выжить.

В то время многих осужденных преступников бросали в ров со львами. Но каким образом Даниил мог бы побороть голодных львов и выжить? Царь думал, что, может быть, Бог, Которому поклонялся Даниил, сойдя в ров, спасет его. Царь жалобным голосом кликнул Даниила: «Даниил, раб Бога живого! Бог твой, Которому ты неизменно служишь, мог ли спасти тебя от львов?».

К его удивлению, из глубины рва со львами раздался голос Даниила: *«Царь! вовеки живи! Бог мой послал Ангела Своего и заградил пасть львам, и они не повредили мне, потому что я оказался пред Ним чист, да и перед тобою, царь, я не сделал преступления»* (Кн. пророка Даниила, 6:21-22).

Царь очень обрадовался и приказал поднять Даниила из рва. Когда Даниил был поднят, то у него не оказалось никаких повреждений. Это было просто поразительно! Спасение Даниила, доверявшего Богу, стало большой победой, которая дана была ему по вере! Даниил выжил в логове голодных львов и явил славу Божью язычникам, так как верил в Бога Живого.

И тогда царь отдал приказ привести тех людей, которые злобно обвиняли Даниила, и бросить их, их детей и жен в ров со львами; и те еще не достигли дна рва, как львы *«овладели ими и сокрушили все их кости»* (Кн. пророка Даниила, 6:24). И царь Дарий написал всем живущим по всей земле народам, племенам – людям, говорящим на разных языках, повелев им бояться Бога, объясняя им, Кто есть Бог.

Царь сказал всем: *«Мир вам да умножится! Мною дается повеление, чтобы во всякой области царства моего трепетали и благоговели пред Богом Данииловым, потому что Он есть Бог живый и присносущий, и царство Его несокрушимо, и владычество Его бесконечно. Он избавляет*

*и спасает, и совершает чудеса и знамения на небе и на
земле; Он избавил Даниила от силы львов»* (6:25-27).

Как велика слава этой всепобеждающей веры! Такое стало
возможным только потому, что Даниил был безгрешен и
полностью доверял Богу. Если мы живем по Слову Божьему
и пребываем в Его любви, то, независимо от обстоятельств
и условий, Бог покажет нам путь к спасению и приведет к
победе.

Даниил – победитель с великой верой

Какова же была вера Даниила, если он сумел столь
величаво прославить Бога? Давайте рассмотрим тип веры,
которой обладал Даниил и которая, в свою очередь, может
помочь и нам преодолевать любые испытания и невзгоды,
являть славу Бога Живого перед многими людьми.

Прежде всего, Даниил не компрометировал свою веру ни
при каких обстоятельствах.

Будучи одним из трех князей Вавилона, Даниил был в
ответе за общее управление делами страны и хорошо знал,
что за нарушение запрета он неизбежно будет брошен в
ров со львами. Но Даниил никогда не руководствовался
человеческим разумом и мудростью. Он не боялся людей,

которые вступили в заговор против него. Он преклонял колени и молился Богу так, как он это делал и прежде. Если бы он поддался человеческим рассуждениям, то в течение 30 дней действия запрета он, возможно, не молился бы Богу или молился бы в какой-нибудь тайной комнате. Даниил, однако, не сделал ни того, ни другого. Он вовсе не стремился сберечь свою жизнь и потому не шел на компромисс с миром. Он с любовью к Богу старался уберечь только свою веру.

Одним словом, именно потому, что вера его была верой мученика, он, зная о подписанном царем указе, все же шел к себе домой, в комнату с окнами, открытыми в сторону Иерусалима, и продолжал три раза в день становиться на колени, молясь и благодаря Бога, как он это делал всегда.

Во-вторых, Даниил обладал верой, при которой он не переставал молиться.

Оказавшись в ситуации, при которой только и оставалось, что готовиться к неизбежной смерти, он молился Богу, как делал это обычно. Он не хотел грешить, перестав молиться (1-я кн. Царств, 12:23).

Молитвы – это дыхание нашего духа, поэтому мы не должны переставать молиться. Мы должны молиться и при испытаниях и невзгодах, и тогда, когда живем в мире; мы должны молиться, чтобы не впасть в искушение (От Луки, 22:40). Поскольку Даниил не переставал молиться, он сберег свою веру и преодолел все испытания.

В-третьих, Даниил имел такую веру, при которой благодарил за все при любых обстоятельствах.

Многие отцы веры, о которых повествует Библия, всегда благодарили с верой, потому что они знали, что истинная вера именно в том, чтобы благодарить Бога в любых обстоятельствах. Вера Даниила победила, когда его бросили в ров со львами, потому что он подчинялся Закону Божьему. Даже если бы он был съеден львами, он был бы предан в руки Божьи и вошел бы в вечное Царство Божье. Вне зависимости от последствий, в Данииле не было страха! Если человек до конца верит в Небеса, в нем не может быть страха смерти.

Несмотря на то, что Даниил благоденствовал, будучи вторым по значимости, после царя, управителем всей страны, это был лишь временный почет. Но, сохранив свою веру и умерев мученической смертью, он получил бы признание своего величия самим Богом в Царстве Небесном и жил бы в сиянии вечного почета. Поэтому главное, что он делал, – это за все благодарил.

В-четвертых, Даниил никогда не грешил. Он имел веру, при которой покорялся и исполнял Слово Божье.

Ни одного предлога, чтобы обвинить Даниила в нарушениях, связанных с государственным управлением, не нашлось. Невозможно было заподозрить его ни в коррупции, ни в халатности, ни в мошенничестве. Как чиста была его жизнь!

Даниил не чувствовал обиды или злобы против царя, который приказал бросить его в ров со львами. Вместо этого он по-прежнему был верен ему настолько, что сказал: «Царь, вовеки живи!». Если это испытание было бы дано Даниилу за совершенные грехи, то Бог мог бы и не защитить его. Но поскольку Даниил не согрешил, Бог спас его.

В-пятых, Даниил имел такую веру, при которой полностью полагался только на Бога.

Если мы имеем благоговейный страх перед Богом, полностью полагаемся на Него и вверяем все свои дела в Его руки, то Он решает все наши проблемы. Даниил полностью доверял Богу и во всем полагался на Него. Таким образом он не шел на компромисс с миром, а вместо этого следовал Закону Божьему и просил помощи у Бога. Видя веру Даниила, Бог все обратил ему во благо. Благословение, умноженное на благословение, дало возможность воздать еще большую хвалу Богу.

Если мы обретем такую же веру, как Даниил, и неважно, с какими испытаниями и трудностями мы встретимся, мы сможем преодолеть их, будем использовать их как шанс, чтобы получить благословения, и свидетельствовать о

Живом Боге. Враг дьявол рыскает вокруг в поиске, кого бы еще погубить. Мы же должны противостоять дьяволу силой веры и жить под защитой Бога, храня и исполняя Слово Божье.

Через испытания, которые приходят к нам и длятся кратковременно, Бог утвердит, укрепит и сделает нас непоколебимыми (1-е посл. Петра, 5:10). Да благословит вас Бог такой же верой, как у Даниила, пребывайте все время в Божьем присутствии и славьте Его. Я молюсь об этом во имя Господа нашего Иисуса Христа!

Глава 7

«ГОСПОДЬ усмотрит»

Бытие, 22:11-14

«Но Ангел ГОСПОДЕНЬ воззвал к нему с неба и сказал: Авраам! Авраам! Он сказал: вот я. [Ангел] сказал: не поднимай руки твоей на отрока и не делай над ним ничего; ибо теперь Я знаю, что боишься ты Бога и не пожалел сына твоего, единственного твоего, для Меня. И возвел Авраам очи свои и увидел: и вот, позади овен, запутавшийся в чаще рогами своими. Авраам пошел, взял овна и принес его во всесожжение вместо сына своего. И нарек Авраам имя месту тому: Иегова-ире. Посему [и] ныне говорится: на горе Иеговы усмотрится».

«Иегова-ире»! Как радостно и приятно просто слышать эти слова! Они означают – «ГОСПОДЬ усмотрит». Сегодня многие верующие в Бога слышали и знают о водительстве Бога, о том, что Он все сделал, все заранее приготовил для нас. Однако многие верующие люди терпят неудачу, потому что не пытаются убедиться в правоте этих слов в собственной жизни.

«Иегова-ире»! Эти слова – синонимы благословению, праведности и надежде. Ведь каждый желает и стремится именно к этому. Но если мы не осознаем, на что указывают эти слова, мы не сможем встать на путь благословений. Поэтому я желаю поделиться с вами, рассказав о вере Авраама – человека, который благодаря своей вере получил благословение Иеговы-ире.

Слово Божье для Авраама было превыше всего

В Евангелии от Марка, 12:30, приводятся слова Иисуса, сказавшего: *«И возлюби Господа Бога твоего всем сердцем твоим, и всею душою твоею, и всем разумением твоим, и всею крепостию твоею, – вот первая заповедь!»*. В Бытии, 22:11-14, написано, что Авраам настолько любил Бога, что мог общаться с Богом, понимать волю Божью, и получил благословение Иеговы- ире. И мы должны понять, что все это он получил не случайно.

Для Авраама Бог был превыше всего, и ничего ценнее Его воли для Авраама не существовало. Так как он не руководствовался своими собственными мыслями, он всегда был готов повиноваться Богу. И поскольку Авраам до глубины своего сердца был честен и перед Богом, и перед самим собой, он был готов к тому, чтобы получить благословения.

И сказал Бог Аврааму: *«Пойди из земли твоей, от родства твоего и из дома отца твоего в землю, которую Я укажу тебе; и Я произведу от тебя великий народ, и благословлю тебя, и возвеличу имя твое, и будешь ты в благословение»* (Бытие, 12:1-3).

Если бы Авраам в этой ситуации предался людским рассуждениям, то наверняка начал бы нервничать, когда Бог повелел ему покинуть свою землю, родственников и отчий дом. Но он считал Бога Отцом, Создателем, Который для него был превыше всего. И поэтому он просто подчинился и исполнил Его волю. Так же точно и другие могут с радостью покориться Богу, если они действительно любят Его. Авраам смог, потому что верил, что Бог делает все ему во благо.

В Библии рассказывается о многих отцах веры, для которых на первом месте была воля Божья, и они поступали только согласно ей. В Третьей книге Царств, 19:20-21, мы читаем: *«И оставил [Елисей] волов, и побежал за Илиею, и сказал: позволь мне поцеловать отца моего и мать мою, и я пойду за тобою. Он сказал ему: пойди и приходи назад, ибо что сделал я тебе? Он, отошедши от него, взял пару волов и заколол их и, зажегши плуг волов, изжарил мясо их, и раздал людям, и они ели. А сам встал и пошел за Илиею, и стал служить ему».* Когда Бог воззвал к Елисею через Илию, тот немедленно оставил все, что имел, и покорился воле Божьей.

Так же поступали и ученики Иисуса. Когда Иисус позвал их, они сразу же последовали за Ним. В Евангелии от Матфея, 4:18-22, мы читаем: *«Проходя же близ моря Галилейского, Он увидел двух братьев: Симона, называемого Петром, и Андрея, брата его, закидывающих сети в море, ибо они были рыболовы, и говорит им: идите за Мною, и Я сделаю вас ловцами человеков. И они тотчас, оставивши сети, последовали за Ним. Оттуда, идя далее, увидел Он других двух братьев, Иакова Зеведеева и Иоанна, брата его, в лодке с Зеведеем, отцом их, починивающих сети свои, и призвал их. И они тотчас, оставивши лодку и отца своего, последовали за Ним».*

Именно поэтому я бы очень желал убедить вас верить настолько, чтобы повиноваться воле Божьей, какой бы она ни была, считать Слово Божье приоритетным, и тогда Бог Своей Силою обратит все в вашей жизни вам во благо.

Авраам всегда отвечал: «Да!»

Следуя повелению Божьему, Авраам вышел из Харрана, чтобы идти в землю Ханаанскую. Но из-за сильного голода в той земле он вынужден был отправиться в Египет (Бытие,12:10). Когда Авраам прибыл туда, он выдал свою жену за сестру свою, чтобы его не убили. Некоторые утверждают, что он обманул окружающих, выдав жену за сестру, потому что испугался, струсил. Но, в действительности, он не боялся, а просто мыслил по-человечески. Факт того, что он, когда Бог повелел ему, повиновался и без страха покинул свою землю, является подтверждением тому. Словом, это ошибка считать, что он, выдавая жену за сестру, обманул, потому что был трусом. Он сделал это не только оттого, что она на самом деле была одной из его двоюродных сестер, но и потому, что, мысля по-человечески, думал, что назвать ее сестрой, а не женой было лучше.

За время жизни Авраама в Египте Бог изменил его настолько, что его вера стала совершенной, и он, вместо того чтобы руководствоваться человеческими мудростью и разумом, стал полностью полагаться на Бога. У Авраама была готовность повиноваться, но у него оставались еще плотские помышления, от которых следовало избавиться. После всех испытаний, Бог расположил к Аврааму фараона Египта, многим благословил его, в том числе рабами, большим количеством овец и волов, ослов и верблюдов.

Это говорит нам о том, что, если испытания приходят к нам как следствие нашего неповиновения, то нам придется испытать трудности; однако испытания могут быть ниспосланы нам и тогда, когда мы послушны, для того чтобы мы избавились от плотских помышлений. Бог делает все во благо нам.

После этих испытаний Авраам стал говорить только «аминь» и всему повиноваться; а тем временем Бог приказал, чтобы он принес в жертву своего единственного сына Исаака. В Бытии, 22:1, говорится: *«И было, после сих происшествий Бог искушал Авраама и сказал ему: Авраам! Он сказал: вот я».*

Когда Исаак родился, Аврааму было сто лет, а его жене Саре – девяносто. Родители никогда не смогли бы родить ребенка, если бы ни благодать и обещание Божьи. Родившийся сын был для них ценней всего. Кроме того, он был семенем обетования Божьего. Именно поэтому Авраам был столь поражен, когда Бог приказал, чтобы он принес сына во всесожжение, словно животное! Это было за пределами человеческого воображения.

Но поскольку Авраам верил, что Бог в силах и из мертвых воскресить его сына, он смог покориться повелению Божьему (Посл. к Евреям, 11:17-19). С другой стороны, так как все плотские помышления Авраама были уничтожены, он обрел такую веру, что готов был принести своего единственного сына Исаака во всесожжение.

Бог, видя такую веру Авраама, подготовил овна для всесожжения, чтобы Авраам не поднял руки своей на сына. Авраам нашел овна, запутавшегося в чаще рогами своими, поймал его и принес его в жертву вместо своего сына. И назвал Авраам место это «Иегова-ире» – «ГОСПОДЬ усмотрит».

Бог похвалил Авраама за его веру, сказав в Бытии (22:12): *«Не поднимай руки твоей на отрока и не делай над ним ничего, ибо теперь Я знаю, что боишься ты Бога и не пожалел сына твоего, единственного твоего, для Меня»* – и дав удивительное обещание благословить его: *«Я благословляя благословлю тебя и умножая умножу семя твое, как звезды небесные и как песок на берегу моря; и овладеет семя твое городами врагов своих; и благословятся в семени твоем все народы земли за то, что ты послушался гласа Моего»* (ст. 17-18).

Даже если ваша вера еще не достигла уровня веры Авраама, иногда и вы тоже могли испытать благословение «ГОСПОДЬ усмотрит». Когда вы собирались что-либо сделать, вы обнаруживали, что Бог уже все подготовил для этого. Такое возможно, если ваше сердце в тот момент было устремлено к Богу. Если вы сумеете обрести такую же веру, как у Авраама, и полностью подчиняться Богу, вы будете жить в благословении «ГОСПОДЬ усмотрит», зная, что Господь все усмотрит в любом месте и в любое время. Как удивительна жизнь во Христе!

Для того чтобы получить благословение «ГОСПОДЬ усмотрит», вы должны говорить «аминь», каким бы ни было повеление Божье, и жить только по воле Божьей, никогда не настаивая на собственных мыслях ни по какому поводу. Главное – получить одобрение от Бога. Вот почему Бог ясно говорит нам, что послушание лучше жертвы (1-я кн. Царств, 15:22).

Иисус, *«будучи образом Божиим, не почитал хищением быть равным Богу; но уничижил Себя Самого, приняв образ раба, сделавшись подобным человекам и по виду став как человек; смирил Себя, быв послушным даже до смерти, и смерти крестной»* (Посл. к Филиппийцам, 2:6-8). По поводу Его полного послушания во 2-м послании к Коринфянам, 1:19-20, написано: *«Ибо Сын Божий, Иисус Христос, проповеданный у вас нами, мною и Силуаном и Тимофеем, не был „да" и „нет"; но в Нем было „да", – ибо все обетования Божии в Нем „да", и в Нем „аминь",– в славу Божию, через нас».*

Подобно Единородному Сыну Божьему, в Котором было только «да», и мы должны, несомненно, говорить «аминь» в ответ на любое повеление Божье и восхвалять Его, получив благословение «ГОСПОДЬ усмотрит».

Авраам стремился к миру и святости во всем!

Так как Авраам в первую очередь полагался на слово Божье и любил Бога превыше всего, он, в ответ на все повеления Божьи, говорил только «аминь» и полностью подчинялся им, чем смог угодить Богу.

Кроме того, он стал полностью освященным и всегда стремился жить в мире со всеми окружающими, благодаря чему он смог получить Божье признание.

В Книге Бытия, 13:8-9, он сказал своему племяннику Лоту: *«Да не будет раздора между мною и тобою, и между пастухами моими и пастухами твоими, ибо мы родственники. Не вся ли земля пред тобою? отделись же от меня: если ты налево, то я направо; а если ты направо, то я налево».*

Авраам пользовался преимущественным правом выбора, поскольку был старше, но он дал Лоту возможность первым выбрать землю: чтобы сохранить мир, он пожертвовал своими интересами. Имея духовную любовь, он не преследовал личной выгоды, а поступал так, как было лучше для других. Точно так же и вы, если пребываете в истине, то, чтобы сохранить мир с другими, не должны ссориться и похваляться собой.

В Бытии, 14:12,16, мы читаем, что Авраам, услышав, что его племянник Лот был взят в плен, вооружил триста восемнадцать своих рабов, рожденных в доме его, и отправился в погоню; он возвратил все имущество, а также привез своего родственника Лота, женщин и всех его людей. Поскольку Авраам был абсолютно честен и ходил путями праведников, он отдал Мелхиседеку, царю Салимскому, десятую часть своей добычи и отказался от предложения царя Содомского оставить себе все имущество, сказав: *«...даже нитки и ремня от обуви не возьму из всего твоего, чтобы ты не сказал: „я обогатил Аврама"...»* (ст. 23). Таким образом, Авраам был не только миролюбив во всех делах, но и всегда выбирал безгрешные и честные пути.

В Послании к Евреям, 12:14, говорится: *«Старайтесь иметь мир со всеми и святость, без которой никто не увидит Господа».* Я горячо призываю вас понять, что Авраам смог получить благословение «ГОСПОДЬ усмотрит» потому, что он стремился к миру со всеми людьми и достиг освящения. Я призываю и вас стать такими же, каким был Авраам.

Веря в силу Бога Творца

Для того чтобы получить благословение «ГОСПОДЬ усмотрит», мы должны верить в силу Божью. Послание к Евреям, 11:17-19, учит нас: *Верою Авраам, будучи искушаем, принес в жертву Исаака и, имея обетование, принес единородного, о котором было сказано: „в Исааке наречется тебе семя". Ибо он думал, что Бог силен и из мертвых воскресить, почему и получил его в предзнаменование».* Авраам настолько верил в силу Бога Творца, для Которого все возможно, что мог повиноваться Богу без каких-либо плотских и человеческих размышлений.

Что бы вы сделали, если бы Бог повелел вам принести своего единственного сына в жертву? Если вы верите в силу Божью, для которой нет ничего невозможного, вы сможете подчиниться, как бы это не было трудно. И тогда вы получите благословение «ГОСПОДЬ усмотрит».

Поскольку сила Божья безгранична, то Бог подготовит все заранее, вознаградит нас благословениями, если мы, как Авраам, полностью подчиняемся Ему, без каких-либо плотских рассуждений. Если же мы что-то любим больше Бога или говорим «аминь» только в ситуации, которая совпадает с собственными помышлениями и теориями, то мы никогда не сможем получить благословение «ГОСПОДЬ усмотрит».

Как сказано во 2-м послании к Коринфянам (10:5): «... *и всякое превозношение, восстающее против познания Божия, и пленяем всякое помышление в послушание Христу»,* чтобы получить и испытать в собственной жизни благословение «ГОСПОДЬ усмотрит», мы должны отбросить все человеческие помышления, обрести духовную веру, при которой мы всегда можем говорить «аминь». Если бы Моисей не обладал духовной верой, смог бы он заставить воды Красного моря расступиться? Как без духовной веры Иисус Навин разрушил бы стены Иерихона?

Если вы будете покоряться только тому, что соответствует вашим собственным мыслям и знаниям, то такое послушание нельзя назвать духовным. Бог может сотворить все из ничего. Как же Его силу можно сопоставить с человеческими знаниями, которые только и могут, что сделать что-нибудь из того, что уже существует?

В Евангелии от Матфея, 5:39-44, мы читаем: «*А Я говорю вам: не противься злому. Но кто ударит тебя в правую щеку твою, обрати к нему и другую; и кто захочет судиться с тобою и взять у тебя рубашку, отдай ему и верхнюю одежду; и кто принудит тебя идти с ним одно поприще, иди с ним два. Просящему у тебя дай, и от хотящего занять у тебя не отвращайся. Вы слышали, что сказано: „люби ближнего твоего и ненавидь врага твоего". А Я говорю вам: любите врагов ваших, благословляйте проклинающих вас, благотворите ненавидящим вас и молитесь за обижающих вас и гонящих вас».*

Насколько же отличаются эти слова Божьей истины от наших собственных мыслей и знаний?! Вот почему я призываю вас помнить, что если вы стремитесь говорить «аминь» только на то, что сообразуется с вашими мыслями, вы не сможете достичь расширения Царства Божьего и получить благословение Иеговы-ире – «ГОСПОДЬ усмотрит».

Испытываете ли вы волнение, тревогу, озабоченность, столкнувшись с проблемами, несмотря на то, что вы утверждаете, что веруете во Всемогущего Бога? Если да, то в этом случае веру нельзя считать истинной. Если в вас есть истинная вера, вы должны доверять силе Божьей и с радостью и благодарностью передать все проблемы в Его руки.

Пусть каждый из вас, ставя Бога на первое место, станет настолько покорным, чтобы говорить лишь «аминь» в ответ на любое повеление Божье; пусть каждый живет в мире со всеми людьми, стремится к святости и верит в силу Бога, Который способен воскрешать из мертвых, для того чтобы вы смогли получить и наслаждаться благословением «ГОСПОДЬ усмотрит».

Я молюсь об этом во имя Господа нашего Иисуса Христа!

Автор -
д-р Джей Рок Ли

Д-р Джей Рок Ли родился в городе Муан, в провинции Джэоннам Южной Корейской Республики, в 1943 году. Начиная с двадцати лет, д-р Ли страдал от различных неизлечимых заболеваний и в течение семи лет жил в ожидании смерти, без всякой надежды на исцеление. Но однажды, весной 1974 года, сестра привела его в церковь, где он, упав на колени, молился, и Живой Бог сразу исцелил его от всех болезней.

С той минуты, как д-р Ли чудесным образом встретился с Живым Богом, он искренне возлюбил Его всем сердцем, и в 1978 году он был призван на служение Богу. Он усердно молился и неустанно постился, чтобы ясно понять волю Божью, полностью исполнить ее и повиноваться каждому слову Божьему. В 1982 году он основал Центральную церковь «Манмин» в городе Сеуле (Южная Корея), и с того момента бесчисленные дела Божьи, включая чудесные исцеления и знамения Божьи, были явлены в этой церкви.

В 1986 году д-р Ли был рукоположен в сан пастора на ежегодной Ассамблее Корейской церкви Христа в Сингкуоле, а спустя ещё четыре года, в 1990 году, его проповеди начали транслироваться в Австралии, России, на Филиппинах и во многих других странах, а также по каналам «Дальневосточной вещательной компании», «Азиатской вещательной компании» и «Вашингтонской христианской радиостанции».

Через три года, то есть в 1993 году, журнал *Христианский Мир* (США) внес Центральную церковь «Манмин» в список пятидесяти лучших церквей мира; колледж Христианской веры в штате Флорида (США) присвоил д-ру Ли степень почетного доктора богословия, а в 1996 году Теологическая семинария Кингсвэй (штат Айова, США) присвоила ему степень доктора христианского служения.

С 1993 года д-р Ли, проведя крусейды в Израиле, США, Танзании, Аргентине, Уганде, Японии, Пакистане, Кении, на Филиппинах, в Гондурасе, Индии, России, Германии и Перу, вошел в ряд лидеров мировой миссионерской деятельности.

В 2002 году, за его труд по проведению ряда впечатляющих объединенных крусейдов, ведущие христианские газеты Кореи назвали его «пастором всемирного пробуждения». Особенно отмечена его Нью-Йоркская евангелизационная кампания 2006 года, прошедшая в «Madison Square Garden», которая транслировалась в 220-ти странах мира.

Также особо отмечен Объединенный крусейд в Израиле в 2009 году, прошедший в международном Центре конгрессов Иерусалима, когда Иисус Христос был открыто провозглашен Мессией и Спасителем. Тогда проповеди д-ра Джей Рока Ли через спутниковое вещание транслировались на 176 стран.

В 2009-м и 2010 годах ведущий христианский мега-портал *In Victory*, а также новостное агентство *Christian Telegraph* назвали д-ра Ли одним из 10-ти ведущих христианских лидеров мира.

По данным на апрель 2013 года, членами Центральной церкви «Манмин» являются более ста двадцати тысяч человек. Ею основано десять тысяч филиалов и ассоциативных церквей по всему миру, и на данный момент церковь отправила более 129 миссионеров на служение в 23 страны, включая США, Россию, Германию, Канаду, Японию, Китай, Францию, Индию, Кению и многие другие страны.

На момент публикации этой книги д-р Ли издал 84 книги, включая такие бестселлеры, как *«Откровения о вечной жизни в преддверии смерти»*, *«Моя жизнь, моя вера» (I и II)*, *«Слово о Кресте»*, *«Мера веры»*, *«Небеса» (I и II)*, *«Ад»* и *«Сила Божья»*. Его книги были переведены на 75 языка мира.

Его статьи на тему христианской веры публиковались в следующих периодических изданиях: *The Hankook Ilbo, The JoongAng Daily, The Dong-A Ilbo, The Chosun Ilbo, The Munhwa Ilbo, The Seoul Shinmun, The Kyunghyang Shinmun, The Korea Economic Daily, The Korea Herald, The Shisa News* и *The Christian Press*.

В настоящее время д-р Ли возглавляет многие миссионерские организации и ассоциации. Он, в частности, является главой правления Объединенной церкви святости Иисуса Христа, президентом Международной миссионерской организации Манмин, основателем и главой правлений «Глобальной христианской сети» (GCN), «Всемирной сети врачей-христиан» (WCDN) и Международной семинарии Манмин (MIS).

Небеса (I) и (II)

Подробное описание великолепных условий, в которых живут граждане Неба, и красочное описание различных уровней Небесных царств.

Слово о Кресте

Действенное, пробуждающее слово для всех, кто находится в духовной спячке. Из этой книги вы узнаете, почему Иисус является единственным Спасителем и об истинной любви Бога.

Ад

Важная для всего человечества весть от Бога, Который не желает, чтобы хоть одна душа попала в бездну ада! Вы откроете для себя доселе неизвестные подробности жестокой реальности Нижней могилы и ада.

Откровения о Вечной Жизни в Преддверии Смерти

Биографические мемуары д-ра Джей Рока Ли, который был рожден Свыше и избавлен от долины смертной тени, и живет христианской жизнью, ставшей примером для многих.

Мера Веры

Какие обители, венцы и награды приготовлены для нас на Небесах? Эта книга содержит мудрые наставления, необходимые, чтобы измерить свою веру и взрастить ее до уровня полной зрелости.

www.ingramcontent.com/pod-product-compliance
Lightning Source LLC
Chambersburg PA
CBHW071523120626
46550CB00006B/2338